Wo der Wind mich hinträgt

Esther Theophanides-Riepert

Wo der Wind mich hinträgt

Bibliografische Information der Deutschen Nationalbibliothek
Die Deutsche Nationalbibliothek verzeichnet diese Publikation
in der Deutschen Nationalbibliografie; detaillierte bibliografische
Daten sind im Internet über http://dnb.d-nb.de abrufbar.

© 2011 Esther Theophanides-Riepert
Umschlagdesign, Satz, Herstellung und Verlag:
Books on Demand GmbH, Norderstedt
ISBN 978-3-8448-5839-6

Inhaltsverzeichnis

Vorwort – Wie alles begann

Bis zu meinem 29. Lebensjahr war mein Leben völlig in Ordnung, ich war sehr glücklich verheiratet, hatte einen tollen Job und unser Lebensstil war sehr hoch.

Alles begann an einem frühlingshaften Maitag – im „verflixten" siebten Jahr unserer Beziehung. Die Sonne erwärmte die Gemüter, duftende Blumen verbreiteten einen Hauch von Vorfreude auf den kommenden Sommer, ein willkommener Segen nach einem langen, verregneten Winter ohne den ersehnten Schnee. Mein Mann und ich machten uns für die Arbeit bereit – ein Kuss und schon waren wir beide aus dem Haus. Es war ein ganz normaler Tag und nichts hatte auf eine tiefgehende Veränderung hingewiesen, die mir meine gute Laune hätte verderben können und schon gar nicht mein bisheriges Leben in Frage stellen würde. Ich war guter Laune. Es sollte der schwierigste Tag meines Lebens werden.

Damit mir das auch ganz brutal klar werden würde, wurde ich von meinem so guten, einfühlsamen und netten Ehemann von einer Stunde auf die andere verlassen, ohne dass ich überhaupt mitbekommen hatte, dass wir offenbar Probleme gehabt hätten! Meine sicheren, behüteten und glücklichen 29 Jahre waren auf einen Schlag vorbei. Ich hatte Angst vor der Zukunft, war sehr einsam, fühlte mich völlig verlassen von der Welt und dem Menschen, den ich mehr als mein eigenes Leben liebte. Mein Leben war ein Scherbenhaufen und ich wusste nicht, wie diese Bruchstücke zusammensetzen, um wieder mich selbst zu sein. Es schien mir unmöglich, je wieder glücklich werden zu können und einem anderen Menschen eines Tages vertrauen zu können.

Um emotionalen Abstand zu gewinnen und nicht noch ganz verrückt oder krank zu werden, musste ich mein sicheres Leben aufgeben und mich von all meinen materiellen Gütern und der geliebten Arbeitsstelle trennen. Ich musste wieder zu mir selbst finden und herausfinden, was ich von meinem Leben wollte. Und so beschloss ich, als Rucksackreisende durch Südostasien zu reisen, um schliesslich in Australien ein neues Leben zu finden. Ich hatte schon seit den Jugendjahren eine Schwäche für Australien, versuchte sogar einmal, als Zwanzigjährige, dorthin auszuwandern. Gute Freunde von mir hatten mich eingeladen, für eine Weile bei ihnen zu bleiben.

Also warf ich mich blind und unvorbereitet in dieses Abenteuer, was mich in dumme Gefahren brachte und mir beinahe das Leben gekostet hätte. Mein seelischer Schmerz war so stark, dass mir ziemlich alles egal war. Was mich aber rettete, waren mein unerschütterliche Glaube an eine höhere Macht und vermutlich viele Engel, die ich immer wieder anrief, wenn ich nicht mehr weiter wusste.

Kapitel 1 – Vor der Abreise in eine ungewisse Zukunft

Es war ein Wintertag. Ich schaute aus meinem Zimmer. Der gegen-überliegende Hügel war schneebedeckt, die hohen Bäume schwer beladen mit der weissen Pracht; ein Reh hatte sich auf die Lichtung der Wiese gewagt. Alles war still, sogar der morgendliche, sonst so laute Arbeitsverkehr der untenliegenden Strasse kaum hörbar. Ich liebte schon immer diese Harmonie der Natur, auch jetzt, ob-wohl meine Gefühle gerade ein so schreckliches Wirrwarr waren. Das Reh schaute um sich, scheu. Vor dem schicksalsreichen Tag, der mein Leben für immer verändern sollte, hätte man meinen Charakter so beschreiben können: scheu, ruhig, unsicher und gut-gläubig. Doch wenn ich den Menschen um mich herum vertraute, verschwand meine Unsicherheit.

Ich liebte dieses Haus, das an einem Hang lag mit einem Wald und kleinen Bach gleich nebenan, wo mein Bruder und ich viele Ausflüge mit dem Fahrrad unternommen hatten. Alles war von sattem Grün so weit das Auge reichte. Damals war mir allerdings nicht bewusst, wie schön dieses Land ist, und schätzte es auch nicht gerade – ich fühlte mich immer mehr zu den Weiten Australiens hingezogen, dem Meer und dem Sonnenschein. Die Berge waren zwar schön, doch fühlte ich mich hier eingeengt.

Ich war in mein Elternhaus zurückgekehrt, nachdem meine Ehe vorbei war, und genoss die kurze Zeit sehr intensiv, nochmals mit ihnen zusammen sein zu dürfen. Meine Einsamkeit war so etwas leichter zu ertragen und ich war ihnen von ganzem Herzen dankbar, dass sie mir in dieser schweren Zeit zur Seite gestanden hatten. Würde ich je hierher zurückkehren? Wo liegt meine Zukunft? Werde ich es schaffen, nochmals von vorne anzufangen? All diese Fragen und keine Antworten. Mein gebrochenes Herz war verschlossen und die Heilung konnte nur einsetzen, wenn ich weit weg von hier gehen würde, weg von den schmerzhaften Erinnerungen und Erlebnissen, so glaubte ich jedenfalls.

Die Kunst des Rucksackpackens

Mein Rucksack war gepackt, mindestens dreissig Mal habe ich ihn umgepackt, bis ich zufrieden war. Denn die Frage stellte sich: Wie kann ich mit nur so wenigen Dingen ein Jahr lang auskommen und was war wichtig? Obwohl der Rucksack mir relativ gross erschien, passten eben nicht alle die Dinge rein, die ich mitnehmen wollte. Toilettenpapier sollte man unbedingt mitnehmen, besagte das Buch, da es in Thailand so etwas nicht gab. Um Platz zu sparen, nahm ich den inneren Kartonteil heraus und konnte das Papier somit gut verstauen. Ich brauchte unbedingt ein paar Bücher und natürlich mein Tagebuch. Gutes, vorher eingelaufenes Schuhwerk, war eine Lebensnotwendigkeit. Solche Dinge nahmen natürlich Platz und gaben Gewicht. Mit der Kleidung musste ich mich völlig einschränken, es war nur Platz für einen Trainingsanzug, einen knitterfreien Jupe, mehrere T-Shirts, Unterwäsche, Socken, eine Hose und eine wetterfeste Jacke. Wie packt man denn nur all diese Dinge ein? Wie ist das Gewicht verteilt, denn man trägt diesen Rucksack viele Stunden auf dem Rücken? Wo sind Geld, Reisechecks, Pass und Tickets versteckt?

Fünfzehn Kilo und nicht mehr sollte der Rucksack wiegen, dennoch fragte ich mich, ob ich wirklich fit genug war, mit einem relativ schweren Rucksack mehrere Stunden einen Berg hochzulaufen. Was würde ich auf dem langen Flug anziehen, schliesslich reiste ich aus dem Winter in den Sommer? Es musste bequem sein und doch ordentlich. Ich entschied mich für einen Sportanzug, mit einem T-Shirt darunter, um nicht in der Hitze Bankoks einzugehen. Hatte ich an Kleidung gedacht, die auch angemessen war für moslemische Länder, denn ich plante durch Sumatra und Indonesien zu reisen?

Als gewissenhafte Krankenschwester durften natürlich auch Medikamente, Pflaster und Salben nicht fehlen, falls irgendein Mitreisender Hilfe brauchen würde. Ein guter Schlafsack mit einem Leineninnensack und ein kleines Kissen gehörten ebenfalls zu den Lebensnotwendigkeiten, denn die meisten Rucksackunterkünfte geben keine Bettwäsche heraus.

Wie konnte all dies geschehen?

Die letzte Nacht vor meiner Abreise und noch so viele Fragen. Diese Reise in die Ungewissheit liess den Schlaf nicht kommen. War dies wirklich, was ich wollte, ganz alleine in diese Länder reisen, meinem sicheren Zuhause für immer den Rücken zukehren? Immer wieder kehrten die Erlebnisse der vergangenen neun Monaten zurück. Um daran nicht noch völlig zugrunde zu gehen, war die Flucht ins Ausland mein persönlicher Weg, das Ganze verarbeiten zu können.

Es war ein harter Schlag, als mein „Ex-Mann" (ich hasse diesen Ausdruck!) im vergangenen Mai aus heiterem Himmel offenbarte, dass er sich verliebt habe und Zeit brauche, „sich selbst zu finden". Er hätte diesen schrecklichen Tag noch länger hinausgezögert, hätte ich nicht mit der Intuition einer Frau gespürt, dass etwas nicht stimmte. Er war gereizt und nervös, was nicht seiner Persönlichkeit entsprach. Er hatte vor ein paar Wochen mit dem Rauchen aufgehört und ich sah das als Grund für sein Verhalten. Dennoch war er eigenartig.

Als mir das Ganze zu dumm wurde, fragte ich ihn: „Was ist los mit Dir? Du bist irgendwie anders?"

„Es hat nichts mit Dir zu tun, sondern mit mir selbst", war die Antwort. Und dann schlug die Bombe ein: „Ich habe mich verliebt", meinte er aus heiterem Himmel.

Ich wusste nicht, was tun oder sagen, doch irgendwie blieb ich ziemlich nüchtern (wohl unter Schock) und fragte: „Wie lange geht das schon? Habt Ihr miteinander geschlafen? Woher kennst Du sie?"

„Ich habe sie beruflich kennen gelernt und war ein paar Mal mit ihr zum Mittagessen verabredet. Doch musst Du mir glauben, dass sonst nichts geschehen ist." (Ist sich in jemanden anderen zu verlieben etwa nichts???). „Ich bin verwirrt und brauche Zeit."

Von da an herrschte Totenstille. Er hatte nichts mehr zu sagen und ich sass da, als ob mir jemand meine Seele herausgerissen hätte und ich nicht mehr ich selbst wäre.

Nach einer langen, kaum auszuhaltenden Stunde sagte er schlussendlich: „Ich glaube, es ist besser, wenn ich jetzt gehe."

Er packte eine Reisetasche und zog aus der gemeinsamen Wohnung aus, für immer! Ich war froh, als er weg war, denn ich zeige nicht gerne Tränen vor anderen Menschen. Ich konnte es nicht fassen, weinte jämmerlich für viele Stunden und schlief kaum.

Am anderen Tag ging ich wie üblich zur Arbeit in einer Gruppenarztpraxis. Ich liebte die Arbeit und kam gut mit den Ärzten und meinen Kolleginnen aus. Ich liess mir absolut nichts anmerken, doch abends sass ich einfach wie gelähmt im Wohnzimmer, zündete weisse Kerzen an und hörte immer wieder dieselbe Musik – „Kitaro" – sie beruhigte mich. Jeden Abend weinte ich mich in den Schlaf. Einen Monat später brach meine tapfere Fassade zusammen und somit überschwemmten mich auch meine bislang aufgestauten Gefühle. Diese Gefühle waren nicht mehr auszuhalten, sie schienen meine gesamte Lebensenergie zu nehmen. Ich fühlte mich einsam und verlassen, obwohl nun Freunde und Familie alles taten, mich aufzuheitern.

Die vielen Abende der Einsamkeit und die konstante Schlaflosigkeit erschöpften mich immens. Ich hatte zuhause nur Kräuterberuhigungsmischungen, denn Schlaftabletten hätte ich nie genommen, dafür war ich zu feige, hängte wohl irgendwie am Leben, obwohl es für mich in dem Zeitpunkt nicht mehr lebenswert war. Ich griff also zu den Beruhigungskräutern Sanalepsi und Baldrian und trank beide vollen Flaschen leer. Dass ich mich damit nicht umbringen konnte oder wollte, wusste ich sehr wohl, doch waren Körper und Geist so schwer, dass ich nur schlafen wollte bis spät in den nächsten Tag hinein.

Sicherlich verstehe ich heute Menschen, die Suizid begehen. Ob es nun richtig ist, sich das Leben zu nehmen, möchte ich nicht beurteilen. Ein Mensch, der leidet, sei es nun wegen einer schweren Krankheit, Verlust der Arbeitsstelle, seiner Existenz, Familie oder aus Liebeskummer, kann nicht mehr richtig denken. Ein Zeitpunkt kommt, wo das Gehirn einfach ausklickt und man für einen gefährlichen Moment vorübergehend „unzurechnungsfähig" wird. Das Denken setzt aus und auch die Angst. Man will einfach dem Problem entfliehen und Ruhe finden.

Trotz dieser Überdosierung kam kein Schlaf, im Gegenteil, ich wurde immer wacher und aufgekratzter. Mir wurde hundeelend und so verbrachte ich die verbleibenden Nachtstunden schlaflos. Am nächsten Morgen war ich zutiefst über meine Handlung erschrocken und schämte mich, nicht stark genug gewesen zu sein. Ich war wütend, zuzulassen, dass mich Menschen so verletzen konnten und mich zu etwas trieben, das mir unter normalen Umständen nie in den Sinn gekommen wäre! Ich hätte diese Wut an ihm auslassen müssen, anstatt sie in mich hineinzufressen, doch das war eben nicht meine Art! Bis heute wird mir vom Geruch dieser beiden Mittel übel.

Dieses Erlebnis hinterliess jedoch ein Warnsignal. Ich wusste, dass ich mein Leben zu verändern hatte und meine Wunden heilen mussten. Dies schien mir nur möglich, wenn ich mich von allem löste und aus meiner normalen Umgebung ausbrach. Viele mochten meine Abreise als Flucht ansehen, was es vielleicht auch war, doch gab es für mich keine andere Lösung. Mein Selbstwertgefühl war gleich null und ohne die Unterstützung meiner Familie und wenigen guten Freunden hätte ich die Zeit wohl nicht gut überstanden. Kurzerhand reichte ich die Scheidung ein, denn ich wollte frei von ihm sein; ich wusste, dass ich ihm nie mehr vertrauen konnte. Ich musste nur noch den Friedensrichter davon überzeugen, dass unsere Ehe nicht mehr zu kitten war, denn normalerweise rät dieser (und dort musste man damals zunächst hin, bevor die Scheidung eingereicht werden konnte) für ein Jahr getrennt zu leben.

„Ich sehe, dass hier keine Möglichkeit mehr besteht, diese Ehe zu kitten, und gebe somit meine Entscheidung dem Scheidungsrichter weiter", verkündete der Friedensrichter und sah mich bemitleidend an und gab ihm einen harschen Blick – endlich war mal ein männliches Wesen auf meiner Seite! Ich bat das Gericht, den Scheidungstermin noch im gleichen Jahr festzusetzen, da ich aus persönlichen Gründen ins Ausland wollte und erhielt den Termin für Dezember – sieben Monate nachdem er mich verlassen hatte. Ich sah ihn nur noch wenige Male, um unsere privaten Dinge zu klären, es gab nichts zu sagen und er verhielt sich ruhig, dennoch war er schockiert über meine Entscheidung. Was hatte er denn von mir erwartet? Sollte ich ihm verzeihen oder warten, ob er vielleicht zu mir zurückkehre? Soviel Selbstrespekt besass ich dann doch noch! Vielleicht war er eher wütend, weil ich ihm nichts vorab gesagt hatte und er die Papiere einfach im Briefkasten vorfand.

Der Scheidungstag kurz vor Weihnachten war der Abschluss dieser Beziehung. Ich fühlte mich an dem Tage so alleine, fühlte mich zutiefst erniedrigt und war wütend auf ihn, da er rhetorisch besser vor den drei männlichen (wo ist hier die Gerechtigkeit!) Richtern argumentieren konnte und ich meine Emotionen nicht zurückhalten konnte und in Tränen ausbrach, als ich meine Geschichte erzählte. Ich wusste, dass sie auf seiner Seite waren. Nachdem das Fiasko vorbei war, liefen wir beide wortlos nebeneinander aus dem Gerichtsgebäude zu unseren parkierten Wagen. Tränen benetzten meine Wangen, obwohl ich ihm wirklich nicht zeigen wollte, dass ich litt.

Kein Wort kam über meine Lippen, er tat den Anfang: „Es tut mir so leid, was ich Dir angetan habe. Es kann nicht rückgängig gemacht werden. Ich hoffe, dass Du mir eines Tages verzeihen kannst." Er umarmte mich und küsste mich zärtlich auf den Mund und ich fühlte seine tränenfeuchten Wangen und war überrascht, dass er Gefühle zeigte. Für eine Weile verblieben wir in der Umarmung, bis wir merkten, dass es getan war und nun der definitive Abschied gekommen war. Wieder konnte ich meiner Wut nicht Luft machen. Am liebsten hätte ich meiner Verzweiflung Ausdruck gegeben, doch so wurde ich eben erzogen – Gefühle müssen unter Kontrolle sein, man zeigt nicht, wie es innen drin aussieht!

„Ich wünsche Dir alles Gute für die Zukunft und Deine Reise." Mein Hals war wie zugeschnürt, ich brachte keinen Laut heraus. Er stieg in seinen Wagen, gab mir einen letzten schmerzlichen Blick und fuhr davon. Ich stand noch eine Weile da, konnte es noch immer nicht fassen, dass ich geschieden war von einem Mann, den ich immer noch liebte, und verstand die Welt nicht mehr. Weshalb musste all dies gerade mir geschehen. (Natürlich wird heute bereits jede zweite Ehe geschieden, etwas ist in unserem Sozialnetz schief gelaufen!).

Im Wagen brach ich über dem Steuerrad weinend zusammen. Wie ich nach Hause gekommen war, konnte ich nicht mehr nachvollziehen. Bei meiner Ankunft bei meinen Eltern begrüsste mich ein wunderschöner Blumenstrauss mit einer Karte: „Wir wissen, wie schwer dieser Tag für Dich heute sein muss, doch wir sind gedanklich bei Dir und werden immer Deine Freunde bleiben. Du kannst auf uns zählen." Die Karte war von seinem Bruder und dessen Frau. Tatsächlich hatten sie mir die ganze Zeit über beigestanden, was nicht viele taten. Die Meisten waren zwischen ihm und mir hin- und hergerissen und da sie wussten, dass ich die Schweiz verlassen würde, war die Sache klar, zu wem sie halten würden. So erkannte ich meine wirklichen Freunde.

Eine geschiedene Frau zu sein, war für mich zutiefst beschämend. Ich wurde ja mit hohen Idealen und Moralvorstellungen erzogen.

„Man heiratet nur einmal im Leben, vor allem wenn es vor Gott ist, also in der Kirche", war die Ansicht meiner Eltern und die Scheidung musste für sie wohl sehr schlimm gewesen sein, doch gaben sie es mir nie zu spüren. Die Ehe war heilig und die Scheidung eine Schande und ein Vergehen in Gottes Augen. Dafür musste man bestraft werden, auch wenn man es selbst nicht verursacht hatte. Das machte mir schwer zu schaffen. Ich fühlte mich vor

Gottes Augen schuldig, dass ich meinen Mann nicht halten konnte und somit versagte. Gott sei Dank war der protestantische Pfarrer, der uns beide getraut hatte eher modern eingestellt und sagte nicht: „Bis das der Tod Euch scheidet!"

Mit dem Rucksack ganz alleine nach Südostasien zu reisen, war für jeden, der mich kannte, völliger Irrsinn und musste wohl etwas mit vorübergehender psychischer Unstabilität zu tun haben – „denn sie weiss nicht, was sie tut!" Mir war zu dem Zeitpunkt nicht bewusst, wie sehr sich meine Familie und Freunde Sorgen würden; ich wurde von einer so starken Kraft angetrieben, die mich einfach wegbringen sollte, weg von meinem Schmerz und meiner Verzweiflung. Da gab es keine Logik und auch kein Denken für die eigene Sicherheit. Ich warf mich einfach blind ins Abenteuer.

Der Abreisetag

Ein trüb-kalter Morgen begrüsste mich, gerade richtig für meine miese Laune. Ich hatte genug vom Winter und freute mich auf die Wärme in Bangkok! Mein Rucksack stand bereit, gepackt mit den wenigen Dingen, die ich ein Jahr lang bei mir haben würde. Zum letzten Mal schaute ich nochmals von meinem Zimmer auf den wunderschönen Ausblick und den gegenüberliegenden Wald. Schwermütige Gedanken überkamen mich. Das sollte ich alles hinter mir lassen? Wann würde ich es wieder sehen?

Keiner meiner Familie sagte viel, es herrschte eine bedrückende Stille. Mein Vater nahm das Gepäck und brachte es zum Wagen, meine Mutter und ich folgten ihm schweigend. Die Fahrt zum Flughafen schien kein Ende zu nehmen, obwohl wir nur zwanzig

Minuten über die Autobahn brauchten. Während der gesamten Fahrt fiel kaum ein Wort, meine Eltern schienen traurig und besorgt und ich konnte sie nicht beruhigen, ich hatte selber Angst vor dieser Zukunft. Nach dem Einchecken des Rucksackes gingen wir gleich zur Passkontrolle; die Besorgnis meiner Eltern war leicht in ihren Gesichtern zu lesen und sie erdrückte mich. Es war Zeit, sich zu verabschieden. Auf einmal kamen ein Mann und eine Frau auf mich zu. Auch sie hatten besorgte Blicke, doch lächelten sie wenigstens: meine Schwägerin mit Mann! So konnte ich mich doch noch für den wunderschönen Blumenstrauss bedanken und mich von ihnen verabschieden. Würde ich meine Freunde je wieder sehen? Irgendwie hatte ich den inneren Wunsch, dass vielleicht mein „Ex-Mann" kommen würde, mich in seine Arme nehmen und sagen würde: „Ich liebe Dich, bleibe bei mir, verlasse mich nicht, gib mir nochmals eine Chance!" Doch er kam nicht. Im tiefsten Inneren wusste ich ja selbst, dass es vorbei war, doch die Gefühle für ihn waren eben weiterhin da! Das Ganze schien immer noch wie ein böser Traum, aus dem ich jeden Moment erwachen würde. Es gab nichts mehr zu sagen und meine Energie reichte nicht aus, die traurigen Blicke meiner Eltern und Freunde ertragen zu können.

Die Zeit war gekommen, Schritte in ein neues Leben zu wagen. Ich hatte keine Ahnung, wie meine Zukunft aussehen würde; nur meine Reise, die in Thailand beginnen und in Melbourne, Australien, bei meinen Freunden enden sollte, war vorgegeben, alles Andere würde das Schicksal entscheiden. Ich verschwand hinter der Passkontrolle, damit niemand meine Tränen und Verzweiflung sehen konnte.

Während des Wartens auf den Flug kamen wieder Angst und Zweifel hoch. Ich fühlte mich verlassen und unsicher. Sollte ich diesen Schritt wirklich wagen? War ich denn von Sinnen, eine Reise in solche Länder zu unternehmen? War ich genügend vorbereitet? Weshalb gerade Südostasien, weshalb reiste ich nicht direkt nach Australien, wo meine Freunde auf mich warteten? Ich hatte ja bereits mit meiner Freundin arrangiert, dass ich zu ihrer kleinen Tochter schauen würde, damit sie den Weg zurück in die Arbeitswelt finden konnte. Doch auf einmal kam ein anderes, neues Gefühl aus meinem tiefsten Inneren herauf: die Abenteuerlust aufs Ungewisse und die Sehnsucht nach Ruhe und Wärme, etwas, was ich dringend nötig hatte. Mein Flugaufruf riss mich aus meinen Gedanken. Den gesamten Flug über nahm ich kaum etwas wahr, nicht mal die Leute, die in meiner Nähe sassen. Ich mochte mit niemandem reden, sondern wollte einfach alleine gelassen werden und in meiner Wehmut schwelgen.

Wieder kamen Erinnerungen aus der Vergangenheit hoch. Nur Monate bevor mein Mann mich verliess, waren wir geschäftlich nach Hongkong und Singapur geflogen, um anschliessend bei meiner australischen Freundin und ihrem Mann noch ein paar Wochen Ferien zu verbringen. Da er da gerade auf Raucherentzug war, entschuldigte ich sein eigenartiges Benehmen. War ich damals blind, wollte die Anzeichen nicht sehen oder war ich einfach zu naiv? Nie hätte ich oder irgendeiner unserer Freunde gedacht, dass er eine Ehe verlassen würde! Er war stets ein hilfsbereiter, freundlicher und verlässlicher Mensch und wollte niemanden verletzen. Nie hörte man ihn rumschreien. Er war stets ausgeglichen und zeigte sich als liebender, fürsorglicher und sehr charismatischer Mann. Sein Vater ist auch so, doch hatte er immer das Gefühl, dass er nicht wie sein Vater sein wollte.

Der Landeanflug auf Bangkok riss mich aus meinen Gedanken. Wie konnten so viele Stunden so schnell vergehen? War ich so sehr in Gedanken verloren? Meine depressive Vergangenheit schien plötzlich wie weggepustet, all meine Sorgen waren vergessen und

Euphorie und Abenteuerlust überkamen mich. Beide Bücher waren zur Hand, die ich gekauft hatte, speziell für Rucksackreisende geschrieben, und so begann mein Abenteuer in eine ungewohnte, fremde Welt.

Kapitel 2 – Südostasien

Thailand – Ankunft in Bangkok und wie man es nicht tun sollte

Der Flughafen Don Muang war überraschend modern eingerichtet, was ich in einem solchen Land nicht erwartet hatte. Obwohl alles klimatisiert war, kam mir die feuchte Hitze entgegen, die Erinnerungen an vergangene Reisen in heisse Länder weckte. Ich liebte die Hitze und den Geruch des Meeres. Dieser Duft brachte Erinnerungen an die Mittelmeerinsel Zypern, die ich zum ersten Mal mit neunzehn Jahren besucht und in die ich mich verliebt hatte. Schon als ich aus dem Flugzeug stieg, kam mir dieser feucht-warme Meeresduft entgegen und ich empfand ein eigenartiges Gefühl des Heimkommens und der Geborgenheit.

Das ruckartige Anlaufen des Gepäckrollbandes riss mich wieder in die Gegenwart zurück. Zum ersten Mal schaute ich mich um und nahm zwei junge Schweizerinnen wahr, die offenbar in demselben Flugzeug gesessen hatten, die ich aber den gesamten Flug über nicht wahrgenommen hatte. Sie schienen dieselben Pläne zu haben, waren sportlich gekleidet, kaum um in einem Hotel abzusteigen. Eine ungewisse Nervosität ergriff mich plötzlich, ich hörte eine drängende innere Stimme, die beiden anzusprechen und mich ihnen anzuschliessen. Doch hörte ich auf diese gut gemeinte Stimme? Es war nicht wirklich eine Stimme, sondern eher ein intuitives Gefühl, das von meiner Herz-Bauchgegend kam. Ich hörte nicht auf diese weise, innere Stimme, sondern vertraute fest auf mein Buch, in dem geschrieben stand: „Der Flughafen Don Muang liegt 30 km nördlich von Bangkok. Die Busse Nr. 29 und 59 halten direkt vor dem Flughafen. Nr. 59 fährt direkt zum Democracy Monument, zur billigsten Guesthouse-Gegend." Mein Vater hatte mich schon immer getadelt, dass ich zu gutgläubig und naiv sei und immer allem Geschriebenen glauben würde. Diese Reise sollte meinem Vater Recht geben und mich meinen Irrtum einsehen lassen. Die beiden Mädchen schauten mich freundlich an und die Situation liess eigentlich erwarten, dass ich zu ihnen gehen würde, denn die beiden warteten förmlich darauf. Unsere Rucksäcke erschienen alle drei zusammen auf dem Laufband. Sie nickten mir zu, sagten etwas zueinander. Und wieder diese drängende innere Stimme: „Geh mit ihnen!" Doch ich ignorierte alle Signale und blieb stur (war damals leider eine Charakterschwäche von mir) bei meinem Plan, den Bus zu nehmen in einer Millionenstadt mit einer mir völlig unbekannten Mentalität; in einer Stadt, von der man Schauermärchen hörte, dass junge Mädchen entführt würden und in Bordells endeten! Für jeden Normaldenkenden grenzte mein Vorhaben an Leichtsinnigkeit! Doch ich verliess mich auf mein Buch und dachte hochnäsig: „Nein, so etwas kann mir nicht passieren. Ich kann auf mich selbst aufpassen und wer sollte mir, einer 29-jährigen Frau, denn schon etwas anhaben wollen?" Trotz meiner Naivität hatte ich bereits Erfahrungen gesammelt in gefährlichen Ländern. Prinzipiell glaubte ich immer an das Gute im Menschen und dass ich beschützt würde. Das kann man natürlich auch Dummheit nennen, wer weiss!

Als ich mit fünfzehn zum ersten Mal in Bogotà war, einer Stadt mit schrecklicher Armut und notorischer Kriminalität, wurde mir von den Einheimischen gleich beigebracht, wie ich mich zu benehmen hätte, um mein Leben zu schützen. Oft lief ich in den Strassen mit einem Familienfreund herum und wir beobachteten die mit Gold schwer bestückten Amerikaner. Es ging meist nur wenige Sekunden, bis wir einen der kleinen Caminos (elternlose Kinder, die in den Strassen leben und schlafen) an uns vorbeiflitzen sahen mit einer goldenen Uhr in seiner Hand, die er gerade einem Amerikaner abgenommen hatte. Der Tourist merkte viel zu spät, was geschehen war, und hatte keine Chance, dieses Strassenkind noch irgendwie einholen zu können.

Ich machte auch einen Besuch an Kolumbiens Stränden. Wo immer meine Familienfreundin und ich uns hinsetzten, fünf Minuten später war ein junger Mann da, um mit uns zu reden. Ich war damals sehr blond und fiel dort natürlich auf. Er wollte mich sofort heiraten. Sie erklärte ihm, dass sie nicht meine Mutter sei und nicht über mich entscheiden könne. Er offerierte ihr alles Mögliche, von Mercedes bis Gold. Mit der Zeit wurde es unangenehm, wir konnten nirgendwohin, ohne dass er einen Spitzel auf uns angesetzt hatte. Bald realisierten wir, dass er zu einem der berüchtigten Drogenkartelle gehören musste und die Sache zu gefährlich für uns wurde. Über Nacht flohen wir. Ich muss wohl eine riesige Garde von Schutzengeln um mich herum haben, die mich in jeder kritischen Situation beschützen!

Ich war also zuversichtlich, dass ich auf mich selbst aufpassen konnte. Die beiden Mädchen nahmen ihre Rucksäcke und gingen direkt zum Taxistand, schauten nochmals zu mir zurück, stiegen in ein Taxi ein und fuhren davon. Ich schaute ihnen noch nach: „Ich werde sie bestimmt wieder in Bangkok treffen, wo alle Rucksackreisenden sind!" Dass eine Millionenstadt wie diese auch Tausende von Touristen anzieht, die in Tausenden von Hotels und Herbergen untergebracht werden und ich sicherlich diese beiden nicht mehr sehen würde, kam mir erst gar nicht in den Sinn und zeugte von unglaublicher Naivität und Dummheit!

Ich begab mich zum Busterminal auf der anderen Strassenseite, denn in Thailand herrscht Linksverkehr. Die feuchte Hitze beflügelte mich nach dem klimatisierten Flug und Flughafen. Es wimmelte nur so von Einheimischen und ich wartete geduldig mit ihnen auf den Bus Nr. 59. Die Thailänder musterten mich neugierig. Es verging eine ganze Weile, bis der Bus endlich vorfuhr. Ich bezahlte den Fahrer in Baht, die ich vorher noch in der Bank für ein paar meiner Reisechecks erhalten hatte, und setzte meinen Rucksack neben mich auf die Bank. Ich fühlte mich echt stolz, dass ich es bis hierher geschafft hatte! Bus Nr. 59 sollte laut Buch bei den Guesthouses in der Stadt enden. Somit konnte ich sorglos die Fahrt geniessen. Die Fenster standen offen, keine Klimaanlage, doch das machte mir überhaupt nichts aus. Ich fühlte mich zum ersten Mal frei. Der Verkehr wurde immer stärker, ein Zeichen, dass wir uns der Stadt näherten. Bangkok schien enorm gross und alles sah gleich aus. Nach einer Stunde Fahrt fiel mir plötzlich auf, dass der Verkehr nachgelassen hatte, doch in meinem „schwebenden" Geisteszustand hatte mein Kopf immer noch nicht eingesetzt. Erst nach einer ganzen Weile begann dieser zu arbeiten und mit Schrecken kam ich zurück in die Realität.

Der Fahrer sprach kein Wort Englisch (wie hatte ich dies auch je annehmen können!) und er machte auch keine Angaben, wo man sich befand. Schlagartig wurde mir bewusst, dass ich keine Ahnung hatte, wo ich war und wohin der Bus fuhr. Mittlerweile sass ich schon etwa eineinhalb Stunden im Bus und nach 30 km hätte ich bereits im Stadtinneren sein müssen! Ich verfluchte meine Gutläubigkeit und das Buch, auf das ich mich so verlassen hatte. Panik ergriff mich: Was sollte ich nur tun? Ich musste aus dem Bus aussteigen, denn dieser fuhr definitiv aus der Stadt heraus. Also gab ich dem Fahrer ein Zeichen, anzuhalten, was mir einen ziemlich verständnislosen Blick einbrachte. Nun stand ich da, es war bereits fünf Uhr abends und laut meinem Buch dunkelte es in Asien sehr rasch ein. Ich hatte schon immer einen exzellenten Sinn für Richtungen besessen und machte mich somit zu Fuss Richtung Stadtzentrum auf (wo es meiner Meinung nach liegen musste), in der Hoffnung, dass ein Taxi vorbeikommen würde. Die feuchte Hitze machte mir erst jetzt zu schaffen; mein T-Shirt klebte am Rücken und der Rucksack wurde immer schwerer – ich war ja auch nicht gewohnt, mit soviel Gepäck durch die Strassen einer Grossstadt zu irren. Durst machte sich bemerkbar, ich hatte seit dem Flug nichts mehr getrunken. Weit und breit kein Kiosk und auch kein einziges Taxi!

Neugierige Gesichter schauten aus den vorbeifahrenden Autos, ich ignorierte sie. Am Horizont veränderte sich das Tageslicht in ein kitschiges rosa Abendrot – es dunkelte ein; wie lange hatte ich noch Licht? Ich mochte mir nicht ausdenken, was ich tun sollte, wenn die Dunkelheit hereingebrochen war. Meine Beine wurden immer schwerer und es gab keinen Menschen auf der Strasse, den ich mit meiner Karte nach der Richtung hätte fragen können. Die Vorwürfe, die ich mir nun machte, halfen natürlich bei meinem Problem auch nicht. Weshalb habe ich nicht meinen Verstand gebraucht?

Das Licht wurde immer diffuser und Verzweiflung überkam mich langsam. Ich war erschöpft, verschwitzt, durstig und hungrig und hatte Angst. In der Ferne sah ich eine Bushaltestelle und setzte mich einfach auf die Bank, dankbar, dass ich sitzen und mich ausruhen konnte. Die Eindunkelung kam schnell und meine Hoffnung, je ein Taxi zu finden, liess mich hoffnungslos da sitzen. Es gab nur noch eine Möglichkeit: Ich schloss meine Augen und begann zu beten. Das Gebet gebrauchte ich in letzter Zeit oft, wenn ich mich so alleine fühlte und Angst hatte. Es gab mir immer wieder Kraft und Zuversicht, dass sich alles irgendwann zum Guten wenden würde. Ich hörte die vorbeiziehenden Autos kaum mehr, sondern war einfach bei mir selbst.

Eine männliche Stimme riss mich aus meiner Stille. Niemand stand da, doch mein Blick wanderte zu einem Wagen, dessen Farbe ich im fast Dunkeln noch als gelb ausmachen konnte. Ein Mann hatte das Fenster runtergedreht und rief mir zu: „Taxi?" War das ein Traum? Doch dann erblickte ich das Taxizeichen auf dem Dach und dankte Gott für die rasche Antwort. Der Fahrer konnte wenigstens gebrochen Englisch, wofür ich unendlich dankbar war. Er stieg aus, nahm meinen Rucksack und verstaute ihn im Kofferraum. Er war etwa Mitte fünfzig, sofern man das Alter von Asiaten überhaupt schätzen kann, sie sehen für mich immer viel jünger aus, als sie effektiv sind. Ich nahm hinten Platz, glücklich und mit vollem Vertrauen in diesen Mann, der mich gerettet hatte – für mich ein Zeichen von oben. Ich war zuversichtlich, dass dies ein guter Mensch war. Ich zeigte ihm auf der Karte, wohin ich wollte. Er kannte die Gegend, jedoch nicht die Unterkunft und schlug vor, zunächst Richtung Stadtinneres zu fahren – übrigens die Richtung, die mein Gefühl mir gesagt hatte –, „und dann können wir die Unterkünfte für Rucksackreisende suchen", meinte er freundlich. Besorgt schaute er mich im Rückspiegel an:

„Woher Du kommen? Weshalb hier? Nicht gut für Frau alleine!"

„Europa und mit Bus in falsche Richtung gefahren." Er schüttelte nur seinen Kopf. Die Nacht war hereingebrochen, der Verkehr wurde immer hektischer, mit viel Huperei. Aus meinen Büchern wusste ich, dass Thailand mehrheitlich buddhistisch ist und die Thailänder sehr hilfsbereite und freundliche Leute sind. Für alleinreisende Frauen soll dieses Land eines der sichersten Südostasiens sein. Wir erreichten eine heruntergekommene Gegend und er hielt vor einem unbewohnten und verbarrikadierten Haus an. Mit einer Handbewegung meinte er: „Hier Hotel?" Das war es wohl mal, aber eben nicht mehr – toll – und was jetzt? Er gab mir einen väterlichen Rat: „Gute Hotels hier in Nähe, besser für erste Tage." Ich war so müde, dass ich nur noch in ein Bett fallen wollte, irgendwo, wo es kühl und sicher war. Etwas Luxus wäre wohl doch nicht so übel für den Anfang. Nach kaum fünf Minuten Fahrt hielt er vor einem Hotel mit etwa fünfzehn Stockwerken – mit dem Namen „Swiss Hotel" (home sweet home!). Er trug sogar meinen Rucksack bis zur Rezeption und redete mit den Damen hinter dem Schalter, offenbar um ihnen zu erklären, dass ich ein Zimmer brauchte. Ich bezahlte ihn (der Zähler war noch an) und bedankte mich für seine Hilfe. Ich fand keine Worte, wie dankbar ich ihm in dem Moment war. Er verbeugte sich mit der typischen buddhistischen Gestik: „Vorsichtig in Bangkok – gefährliche Stadt, wenn Frau alleine." Ich schaute ihm noch nach, als er wegfuhr, und ging wieder zur Rezeption.

Es war ein Fünf-Sterne-Hotel und natürlich wurde ich von der thailändischen Angestellten eher abschätzig angeblickt. So ist es eben, Kleider machen Leute – und ich sah wohl eher ärmlich aus mit meiner einfachen Kleidung und dem Rucksack. Doch dann zauberte ich meinen Pass hervor und siehe da, die Unfreundlichkeit wandelte sich im Nu in Überfreundlichkeit. Ich hatte dies schon öfters auf meinen Auslandreisen, vor allem in ärmere Länder, erfahren. Als ich dann auch noch mein Zimmer ohne Probleme bezahlen konnte, wurde ich auf einmal wie eine Prinzessin behandelt und mein kümmerliches Aussehen war nicht mehr wichtig! Schade, dass die Menschheit so sehr auf Äusserlichkeiten achtet!

Kaum im mit allem Komfort bestückten Zimmer angelangt warf ich mich aufs Bett und war heilfroh, dass ich diese Dummheit gut überstanden hatte und mir ein Engel zur Hilfe gekommen war.

Eine heisse Dusche weckte in mir zwar wieder die Lebensgeister, aber ich war doch zu müde, um ins Restaurant zu gehen, und bestellte gegen den Hunger nur etwas beim Zimmerservice. Nicht lange danach fiel ich in einen tiefen Schlaf.

Am nächsten Morgen erwachte ich ausgeruht und frisch für den Tag, ohne Jetlag. Meine Traurigkeit schien weit weg, dafür machte sich ein Gefühl der Abenteuerlust und des Erforschens breit. Das Frühstücksbuffet offerierte eine leckere Auswahl, auch eine Vielfalt an exotischen Früchten, die ich noch nie zuvor gesehen hatte. An der Rezeption holte ich mir eine Stadtkarte und zeichnete mir an, was ich heute besichtigen wollte. Es sollte nicht zuviel und zu weit weg sein und mit Entzücken stellte ich fest, dass mich mein Lebensretter direkt in Bangkoks Stadtmitte abgesetzt hatte, nur wenige Kilometer vom Tempel Vat Traimit entfernt, den ich nämlich für den ersten Tag ausgesucht hatte! Es gab einen Bus dahin, den schrieb ich mir auf sowie den Namen und die Adresse des Hotels (soviel hatte ich mittlerweile gelernt). Ich steckte mir eine kleine Flasche Wasser in den kleinen Rucksack (Leitungswasser ist nicht zu empfehlen in diesen Ländern), nahm meinen Hut und die Sonnenbrille, versorgte Wertsachen im Tresor und verliess das Hotel. Die feuchte Hitze begrüsste mich sogleich und mein Atem fühlte sich im ersten Moment etwas schwer an, doch bald hatte ich mich daran gewöhnt. An was ich mich nicht gewöhnen konnte, war die stickige Luft, die von Autoabgasen roch sodass man nicht guten Gewissens einen tiefen Atemzug zu nehmen wagte. Dieses Übel besteht in jeder Grosstadt, wohl aber vermehrt in Ländern mit hoher Luftfeuchtigkeit und ohne Abgasvorschriften. Die Hauptstrasse, wo alle Busse fahren, war gleich nebenan und mein Bus fuhr sogleich vor. Darin waren bereits einige Ausländer unter vielen gut gekleideten Thailändern, offenbar lag mein Hotel in einem guten Geschäftsviertel. Nach nur zwanzig Minuten Fahrt sah ich die Dächer des Tempels, die golden und majestätisch in der Sonne glänzten. Inmitten des lärmigen Strassenverkehrs stand dieser eindrucksvolle buddhistische Vat Traimit, wo die Stadtbevölkerung nach Ruhe und Gebet suchte. Das Gebäude ist von hohen Mauern umrandet und kaum setzte ich meine Füsse auf diesen heiligen Boden, empfand ich den Frieden innerhalb dieser Gemäuer. Trotz des regen und lauten Verkehrs schien der Lärm nicht einzudringen; es fühlte sich an, als ob man Watte in den Ohren hätte. Da ich noch nie in einem buddhistischen Tempel gewesen war, setzte ich mich zunächst auf eine Bank und beobachtete die Menschen, wie sie sich in dieser heiligen Stätte verhielten. Ich wollte nichts falsch machen oder auffallen. Die Thailänder gingen mit bewussten, langsamen Schritten die Treppen zum Tempel hoch und zogen vor dem Eingang in aller Anmut ihre Schuhe aus, die sie ordentlich nebeneinander stellten. Dann betraten sie den Tempel mit gefalteten Händen.

Meine Neugier war bald gross genug, um meine Scheu zu überwinden, und ich tat es ihnen nach. Niemand starrte mich an und wie alle schaute auch ich nach unten und vermied direkten Blickkontakt mit den Gläubigen. Vor mir prangte ein übergrosser, goldener Buddha, der mich weise und bedächtig anlächelte. Der Buddha soll drei Meter hoch sein und aus fünfeinhalb Tonnen Gold bestehen – imposant! Neben ihm standen grosse, runde mit Sand gefüllte Behälter, worin Räucherstäbchen brannten, die einen hypnotischen Duft verbreiteten. Jeder Thailänder zündete ein Räucherstäbchen an, steckte es in den Sand und sprach seine Gebete, die gegeneinander gedrückten Hände vor das Gesicht haltend. Die Atmosphäre war so friedvoll, keine lauten Worte waren zu hören, nur ein Gemurmel, das vielleicht mit dem Brummen der tibetischen Mönche verglichen werden könnte, und diese Töne versetzten mich wie in eine Trance. Ich schaute dem Buddha in die Augen und es war, als ob er mich mit seinem Lächeln einlüde, zu seinen Ehren auch ein Räucherstäbchen anzuzünden. Ich hielt meine beiden Hände in der Höhe meiner Lippen, wie es die Menschen um mich herum mir vormachten, und betete still um meine Sicherheit und dass ich mein Leben wieder in den Griff bekommen würde.

Es war für mich ein tief bewegender Moment, indem ich das ganze Trauma der letzten neun Monate für einen Moment vergessen und mich völlig entspannen konnte. Tränen benetzten meine Wangen, und da ich mich nicht beobachtet fühlte, schämte ich mich auch nicht, diese zuzulassen. Es schien, als ob innere Energien in mir gleichmässig zu fliessen begännen, und die ganze Angespanntheit vom vergangenen Jahr löste sich auf. Ich verlor völlig das Zeitgefühl, und als ich wieder zu mir kam, hatte ich keine Ahnung, wie lange ich dort gestanden hatte. Als ich wieder meine Umgebung wahrnahm, befand ich mich immer noch inmitten von Betenden und keiner nahm Notiz von mir, wofür ich dankbar war. Ich verliess den Tempel, zog meine Schuhe an und setzte mich nochmals für eine Weile auf eine Bank. Ich fühlte mich sehr ruhig und spürte einen inneren Frieden, den ich schon lange nicht mehr gefühlt hatte.

Zurück zum Hotel wollte ich zu Fuss gehen. Ich kannte die Richtung und wusste, dass es nicht mehr als zwei Stunden dauern würde. Ein junger Thailänder folgte mir und versuchte mit mir ins Gespräch zu kommen. Obwohl er freundlich fragte, woher ich käme, fühlte ich mich von ihm bedrängt und hatte auch keine Lust zu reden. Somit zeigte ich ihm die kalte Schulter. Er gab aber nicht auf, und als es mir zu dumm wurde, musste ich mir etwas einfallen lassen, wie ich ihn loswerden konnte. Ich wählte meine Worte sehr vorsichtig, um seine „Ehre" nicht zu verletzen, schliesslich war ich in Asien und musste dessen „Gesetze" berücksichtigen, wenn ich nicht in Probleme geraten wollte.

„Ich habe es sehr eilig und treffe gleich meinen Mann da vorne." Reichte dies wohl aus? Er zeigte sich zwar etwas eingeschnappt, doch akzeptierte er meine Ausrede und liess von mir ab. Nie hatte er versucht, mich anzufassen; so einfach wäre das nicht mal in Zürich gewesen, und dafür war ich dankbar.

Ich hatte keine weiteren Pläne und lief am zweiten Tag in Bangkok herum, besuchte einige andere Sehenswürdigkeiten, doch irgendwie merkte ich, dass diese grosse Stadt nicht das war, was ich suchte und brauchte. Ich sehnte mich nach einem Platz, um zur Ruhe zu kommen, wo ich nachdenken und meine Vergangenheit aufarbeiten konnte. Strand und Meer waren es, wonach ich suchte, in einem kleinen Touristenort, wo es wenige Menschen gab. Diese Orte sind nur im Süden zu finden, doch bevor ich dorthin reisen würde, wollte ich zuerst den Norden sehen, denn dorthin würde ich nie wieder kommen. Gerne hätte ich den berühmten „Floating Market" besucht, wurde jedoch gewarnt, dass es für eine allein reisende Frau zu gefährlich sei, und somit liess ich von diesem Unternehmen ab. Natürlich hätte es die einfachste Lösung der Welt gegeben: eine Touristenbusfahrt direkt vom Hotel aus, doch auf diese Idee war ich nicht gekommen. An der Rezeption buchte ich eine Busfahrt nach Chang Mai, eine Stadt im Norden Thailands. Die zwei Tage Anonymität in Bangkok hatten mir die Möglichkeit gegeben, mich zu akklimatisieren; nun war es an der Zeit, eine Rucksackreisende zu werden, das richtige Abenteuer konnte nun beginnen!

Seit meiner Ankunft in Bangkok war ich so mit mir selbst beschäftigt gewesen, dass es mir nicht einmal in den Sinn gekommen war, meine besorgte Familie über meine Ankunft zu informieren, und dass es mir gut ging. (Das Handyzeitalter lag noch in der Ferne, auch Internetcafés gab es damals noch nicht, was heute alles so viel einfacher macht.)

Ich wurde um 19 Uhr direkt vor dem Hotel zur zehnstündigen Busfahrt abgeholt. Der Bus war angenehm klimatisiert. Da es bereits dunkel war, sah ich meine Mitfahrenden kaum. Ich nickte ab und zu ein, doch mein Hals schmerzte; ich konnte noch nie im Sitzen schlafen.

Chang Mai – eine schreckliche Erfahrung

Chang Mai hat 160'000 Einwohner. Die gesamte Stadtanlage war früher von gewaltigen Mauern umgeben und auch heute stehen noch einige Reste dieser Mauern. Am Busbahnhof warteten „Songthaew-Fahrer", um Gäste in ihre Unterkünfte zu fahren. Ich wurde schnell als Rucksacktouristin gesichtet und nahm Platz auf der recht bequemen Bank hinter dem Fahrer. Den Preis vereinbarten wir gleich vorneweg, wie das hier so üblich und ratsam ist. Mein Fahrer stieg auf sein Fahrrad und radelte rasant, aber sicher durch kleine, kurvenreiche Gassen und sehr bald gelangten wir in einen Stadtteil, wo sich die „Backpacker Guesthouses" befanden. Ich wollte so nah wie möglich an der Innenstadt sein, damit ich alles zu Fuss besichtigen konnte, und der Fahrer setzte mich ab vor einem kleinen, unscheinbaren, dreistöckigen Haus mit einer offenen Rezeption gleich beim Eingang. Ich verlangte das Zimmer zunächst zu sehen, bevor ich bezahlte, denn oft können diese sehr günstigen Unterbringungen ganz miserabel sein. Eine allein reisende Frau muss schon etwas vorsichtig sein. Das Zimmer war sehr einfach eingerichtet, mit Ventilator und Mückennetz, was in diesen Ländern lebenswichtige Luxusartikel sind. Das Badezimmer und die Dusche lagen auf dem Gang, was in solchen Hotels üblich ist. Ich nahm das Zimmer, doch zum längeren Verbleiben machte es nicht gerade an. Das Guesthouse schien nicht gross belegt zu sein; abgesehen von einem jungen dänischen Paar, das in ihre Stadtkarte versunken war, sah ich niemanden.

Das Zimmer erinnerte mich an eine wahre Begebenheit, die verfilmt wurde. Ich hatte den Film ein paar Monate zuvor im Fernsehen gesehen, konnte mich aber nicht an den Titel erinnern. Es ging um zwei junge Amerikanerinnen, die von einem anderen Amerikaner ausgetrickst wurden. Dieser schob nämlich einer der beiden kurz vor der Passabfertigung etwas in die Tasche. Sie wurde durchsucht und man fand in ihrer Tasche illegale Drogen. In Thailand steht auf Drogenbesitz die Todesstrafe. Leider hatte diese Amerikanerin keine Chance, ihre Unschuld zu beweisen, und sogar ihre Freundin versetzte sie, um ihre eigene Haut zu retten. Sie wurde schlussendlich hingerichtet, keine amerikanische Intervention konnte diese Tragödie verhindern. Der Amerikaner, der sie in diese Lage gebracht hatte, wurde vor dem Flug in einem Zimmer gesehen, das genau wie das meine aussah. Ganz oben war eine Öffnung in ein anderes Zimmer, so erhielt dieser Mann sein Paket. Dieser Film hatte mich etwas Lebenswichtiges gelehrt:
Wenn man in diesen Ländern unterwegs ist, nimmt man nie etwas von einem Menschen an, auch wenn er noch so nett ist, man schaut vor der Passkontrolle in den Taschen nach, ob nicht irgendjemand unbemerkt etwas hineingetan hat, und lässt ganz allgemein seine Taschen keine Sekunde aus den Augen!

Der Tag war noch jung und so machte ich mich zu Fuss in die von einer Festung umgebene Altstadt auf. Chang Mai ist nicht gross und kann leicht zu Fuss besichtigt werden. Ich schlenderte etwas in der Stadt herum, besichtigte die vielen kleinen Läden und suchte nach dem White Elephant Gate, von wo Minibusse Touristen zum 16 km entfernten Wat Phrathat Doi Suthep bringen. Dieser Tempel liegt in über 1000 m Höhe und ist für seinen einmaligen Sonnenuntergang bekannt. Es war erst zwei Uhr nachmittags, noch reichte die Zeit für diesen kurzen Trip aus. Ich fand zwar das Gate, doch stand da kein Minibus und ich konnte auch keine Touristen sehen, vielleicht war gerade ein Bus abgefahren. Ich fragte den Taxifahrer, der gerade Schulkinder einlud. Ohne mir wirklich eine Erklärung zu geben, weshalb es keinen Bus gab, offerierte er mir gleich, mich dorthin zu fahren, da er eh in diese Richtung fahre, um die Kinder bei ihrem Zuhause abzuliefern. Ich wusste aus meinem Buch, dass der Preis um die 30 Baht sein sollte und die Fahrt etwa eine halbe Stunde dauern würde. Ich hatte also eine Preisvorstellung, falls er mich ausnehmen wollte.

Ich dachte mir nichts weiter dabei, denn wenn jemand Schulkinder sicher nach Hause bringt, sollte er wohl auch vertrauenswürdig genug sein, eine Touristin zu respektieren. Wie falsch ich doch diese Situation eingeschätzt hatte! Mir kam gar nicht der Gedanke, dass er vielleicht irgendwann alle Kinder abgeladen hätte und ich ganz alleine mit ihm in den Bergen sein würde, ohne zu wissen, wo wir waren und wohin er mich bringen würde. Tatsächlich stiegen immer mehr Kinder aus, bis ich alleine mit ihm in einer Einöde war, wo es weit und breit kein Haus mehr gab. Die Strasse wand sich den Berg hoch durch dichte, grüne Wälder. Wäre nicht die Angst aufgekommen, hätte ich die Gegend sicher atemberaubend gefunden. Ich wusste nicht, was tun. Er redete kein Wort, war ständig an seinem Mikrofon und hatte eine Konversation mit einem anderen Mann. Ich war völlig in seinen Händen. Würde er mich wirklich zum Tempel fahren, konnte ich ihm vertrauen? Ein mulmiges Gefühl empfand ich in meiner Bauchgegend – das war kein gutes Zeichen! Wie konnte ich bloss so leichtsinnig sein? Plötzlich wurde die Strasse weiter und wir kamen auf einen grossen Platz mit Parkplätzen für Busse, der aber leer war. Ich konnte auch keine Touristen oder wartende Taxis sehen. Er hielt vor einer enorm breiten Treppe, die viele Stufen hoch ging, offenbar zum Tempel. Erleichtert atmete ich auf.

„Ich Dich treffen hier unten wieder, zwei Stunden."

„Kann ich jetzt zahlen?"

„Nein, ist okay, in Stadt."

Eine eigenartige Vorahnung weckte Übelkeit in mir. Der Gedanke, wieder mit ihm in der Dunkelheit zurückfahren zu müssen, machte mich unruhig. Ich nickte ihm zu (was hätte ich sonst tun können?) und schaute ihm hinterher, wie er wie ein Wahnsinniger die Strasse hinunterfuhr, in die entgegengesetzte Richtung, aus der wir herkamen. Er hatte es sehr eilig, doch weit und breit gab es nichts, keine Stadt, kein Dorf, was mich noch unruhiger werden liess.

Doch nun war ich am Fusse eines der berühmtesten Tempel Thailands, und da ich im Moment nichts tun konnte, entschied ich mich, mir die Laune nicht verderben zu lassen, und stieg die 300 Treppenstufen hoch, gesäumt von schlangenförmigen Drachen, die als Treppengeländer benutzt werden. Kaum oben angelangt, eröffnete sich mir ein atemberaubendes Bild mit einem Rundblick auf die umliegenden Berge. Die Sonne lag schon fast über den Bergen, bereit für den Untergang, den ich mir nicht nehmen lassen wollte. Der ganze Komplex liegt auf einem Plateau und ich nahm zunächst einen Weg aussen herum, den Tempel würde ich zum Schluss besuchen. Ich sah endlich andere Touristen und wollte sie nicht aus den Augen verlieren, sie mussten ja schliesslich auch wieder in die Stadt zurück. Ich setzte mich auf eine Bank und liess die Gegend auf mich wirken. Die Zeit schien still zu stehen und ich spürte wunderbare Harmonie und Frieden. Eine ganze Weile sass ich da und wollte einfach nicht weg. Schöne Gegenden fand ich schon immer interessanter, als Gebäude anzuschauen. Die anderen Touristen entfernten sich und es war an der Zeit, mich ihnen anzuschliessen. Ich folgte ihnen durch eine lange, offene Halle mit etwa zwölf verschiedenen sitzenden Buddhas, jeder mit einem anderen Gesichtsausdruck. Einige sehen lustig aus, aber andere können einem schon Angst einflössen. Vor dem Tempel fanden sich die Touristen zusammen. Buddhistische Mönche sassen auf den Bänken und beantworteten Fragen. Ihre Gesichter waren vom Alter gezeichnet, die Ausstrahlung war weise und zufrieden. Junge Mönche waren nicht zu sehen. Die Sonne ging hinter den Bergen unter und warf ein spektakuläres Licht auf die Berge – alle waren da, um zu fotografieren.

Die zwei Stunden waren fast um, als sich dieses mulmige Gefühl wieder breitmachte. Während des gesamten Abstieges machte ich mir grosse Sorgen, was ich tun sollte, wenn er unten auf mich warten würde und ich keine Möglichkeit hätte, Hilfe zu holen. Denn wo es vorher noch viele Touristen hatte, waren jetzt plötzlich keine mehr! Unten angelangt, konnte ich meinen Fahrer nirgends sehen. Da es aber bereits eindunkelte, konnte ich nicht sehr viel wahrnehmen, doch von weiter unten kamen mir Stimmen entgegen. Beim genaueren Hinsehen entdeckte ich einen Minibus, der gerade von einer Gruppe Touristen bestiegen wurde. Das war meine Chance und ich rannte so schnell ich konnte, um das Fahrzeug noch vor der Abfahrt zu erreichen. Atemlos fragte ich, ob sie nach Chang Mai führen, was bejaht wurde, und der Fahrer offerierte mir einzusteigen. Das liess ich mir nicht zweimal sagen und stieg ein. Die Touristen mussten etwas zusammenrücken, damit ich noch Platz hatte. Der Fahrer stieg ein und liess den Motor an, redete noch mit jemandem am Mikrofon. Plötzlich kam dieses ungute Gefühl wieder auf. In dem Moment sah ich einen Wagen vorfahren, genau vor der Treppe, vielleicht etwa 100 Meter von uns entfernt. Ich wusste gleich, dass es das besagte Taxi war, und betete, dass der Mann mich nicht sehe und wir schnell losfahren würden. Gebannt schaute ich hoch, wo der Wagen stand. Ich beobachtete, wie der Fahrer aus dem Wagen stieg und nach mir suchte. Er schaute sich um, sah den Minibus und lief in unsere Richtung. Unser Fahrer legte gerade den Gang ein, um loszufahren, als mich der andere in dem Moment erkannte! Er rief etwas in Thai, seine Schritte wurden immer schneller, um uns vor der Abfahrt noch zu erreichen. Der Busfahrer schaute raus, um zu sehen, was da los war, und stieg aus! Was sollte ich nun tun? Was würde geschehen? Inzwischen hatte der Taxifahrer uns erreicht, verwarf seine Hände und zeigte immer wieder auf mich.

„Du mit ihm gekommen?“, fragte mich der Busfahrer.

„Ja, aber ich will nicht mit ihm zurück. Ich werde ihm Hin- und Rückfahrt bezahlen. Wieviel will er?“

„50 Baht.“

„Okay, hier die 50 Baht.“

Die Touristen wie auch unser Fahrer erkannten, dass dieser Thailänder mich offenbar ausnehmen wollte, denn schliesslich zahlten sie nur 30 hin und zurück! Unser Fahrer schien das ganz und gar nicht in Ordnung zu finden und versuchte den Preis runterdrücken.

„Nein, es ist okay, ich bezahle ihn, so lange ich nicht mit ihm zurück muss.“

Damit hätte es erledigt sein sollen. Doch das Ganze begann nun zu eskalieren. Der Taxifahrer verlangte, dass ich mit ihm gehe und stieg in unsern Wagen ein. Es war ein offenes Taxi und die Passagierbänke lagen hinten. Da ich ganz hinten auf der rechten Bank sass, konnte er nicht gleich zu mir gelangen, dennoch erwischte er meinen Ärmel, riss daran und versuchte mich aus dem Wagen zu zerren. Panik stieg in mir hoch, alles ging so schnell, dass meine Mitfahrer nicht gleich realisierten, was da vor sich ging. Auf einmal packte eine andere Hand den Arm des zudringlichen Mannes. Ein grosser, stämmiger Mann, der neben mir sass, riss ihn von mir los und stiess ihn aus dem Wagen. Dieser konnte gerade noch sein Gleichgewicht halten, um nicht auf den Asphalt zu fallen. Mein Retter schrie ihn in einer Sprache an, die sich nach Thailändisch anhörte, doch er war kein Thailänder. Der Fahrer des Touristenbusses, offenbar schockiert darüber, wie sich sein Landsmann benahm, machte wilde Handbewegungen und schrie ihn nun auch an. Mein Herz schlug heftig und ich bekam kaum Luft, ich wollte nur noch weg von hier.

Mit diesem Mann war nicht zu reden. Da gab der Ausländer dem Fahrer ein Zeichen, der sogleich verstand, nach vorne rannte, schnell einstieg und den Wagen startete. Der Taxifahrer hatte sich schnell gefasst und versuchte, uns einzuholen, doch seine Beine waren zum Glück nicht schnell genug! Ich schaute mit Panik in sein Gesicht, das mich wütend und hasserfüllt anstarrte – wenn Blicke da hätten töten können! Er schrie und ballte seine Fäuste. Diesem Mann hätte ich sicherlich nie mehr begegnen wollen. Meine Mitreisenden schauten mich einerseits mitleidig, andererseits vorwurfsvoll an. Ich zitterte am ganzen Körper, bis der Mann, der mich gerettet hatte, seine Hand auf meine legte, um mich zu beruhigen. Zum ersten Mal hörte ich ihn englisch mit amerikanischem Akzent sprechen: „Das hätte böse ins Auge gehen können. Du hast Dich in eine schlimme Gefahr begeben.“

Ich erzählte ihm den Verlauf der Vorgeschichte.

„Thailänder sind normalerweise ehrliche Leute, doch sein ganzes Verhalten war sehr verdächtig,“ meinte er.

Ich sah ihn mit grossen, ängstlichen Augen an, mir war ganz und gar nicht gut.

Der Amerikaner erklärte mir, dass er viele Jahre in Thailand gelebt habe und deshalb ihre Sprache und Mentalität kenne. Er gab mir einen väterlichen Ratschlag: „Bleib nicht hier in Chang Mai, sondern geh fort von hier. Dieser Mann hat sein Gesicht vor all diesen Leuten und seinem Landsmann verloren – wenn er Dich wieder fände, wärst Du in grosser Gefahr!" Und in der Stadt angekommen, verabschiedete er sich von mir mit den Worten:

„Pass auf Dich auf, begegne ihm nicht mehr!"

Ohne ihn hätte ich vermutlich in grossen Schwierigkeiten gesteckt – er war mein Schutzengel für diesen Tag und ich fand keine Worte, mit denen ich mich bei ihm hätte bedanken können. Er schaute mich besorgt an und lächelte mir zu. Ich entschuldigte mich bei den Leuten und machte mich zu meinem Hotel auf. In einer Nebenstrasse lief ich geradewegs auf ein Reisebüro zu und buchte gleich für den nächsten Tag eine Reise in den Süden. Wie eine Gejagte schaute ich mich ständig um, ob mir jemand folge, und war heilfroh, das Hostel endlich zu sehen.

Die Nacht verbrachte ich mit schlechten Träumen. Ich fühlte mich einsam, unsicher und sehr verlassen. Was wollte ich hier überhaupt? Ich reiste ziellos von einem Ort zum anderen. Und noch immer hatte ich mich bei meiner Familie in der Schweiz nicht gemeldet! Meine Mutter hätte sofort gespürt, dass etwas nicht stimmte, und mich gedrängt zurückzukommen, doch gerade das war das Letzte in dieser Welt, was ich wollte! Trotzdem war dies eine jämmerliche Ausrede, mich bei meinen Lieben nicht zu melden!

Der nächste Tag brach endlich an. Aber der Bus würde erst abends abfahren. Was sollte ich nun die ganze Zeit noch tun? Im Hotel zu bleiben war langweilig und nicht gerade gemütlich, also beschloss ich, vor meiner Abreise wenigstens noch die Innenstadt zu besuchen, in der Hoffnung, dass ich dem Taxifahrer nicht begegnen würde. Ich zog etwas anderes an als am Vortag und setzte ein Brille und einen Hut auf, damit er mich nicht erkennen könnte. Danach machte ich mich auf in die touristische Gegend der Stadt, die nur zehn Minuten entfernt lag. Einige wenige Touristen schlenderten durch die Gassen und ich machte Halt bei vielen Touristenläden, kaufte aber nichts. Mein Geist war einfach unruhig, ich spazierte völlig ziellos umher und wusste nicht wirklich, was ich noch machen sollte. Ein ganz ungutes Gefühl liess plötzlich mein Herz pochen. Ich schaute über meine Schulter, denn es fühlte sich an, als ob jemand hinter mir wäre und mich beobachtete. Ich konnte aber nichts Aussergewöhnliches erkennen, dennoch waren meine Sinne wach und ich schaute ständig herum, ob mich jemand verfolgte. Wurde ich langsam paranoid? Doch weshalb spürte ich eine Gefahr auf mich zukommen? Im Hintergrund hörte ich ein sich rasch näherndes Fahrzeug und schaute wieder nach hinten. Ich sah nun ein Taxi und für einen mir lang erschienenen Augenblick stand ich wie versteinert da und starrte auf den Wagen. Noch konnte ich den Fahrer nicht ausmachen, doch eine böse Ahnung brachte mich zurück in die Gegenwart und das Adrenalin schoss in meinen Körper, löste mich aus meiner Versteinerung. Obwohl ich sein Gesicht immer noch nicht klar erkennen konnte, die Thailänder sehen sowieso alle gleich aus für mich, ahnte ich, dass es er war, und begann um mein Leben zu rennen. Es war nicht Zeit zum Nachdenken oder Zögern, denn entweder wollte er mich umfahren oder entführen, und was er dann mit mir machen würde, wollte ich mir wirklich nicht ausmalen! Die Stadt hat viele kleine Gassen; von Panik besessen, rannte ich in eine dieser Gassen, in der Hoffnung, dass er mir mit dem Wagen nicht folgen könne. Keiner schien sich um diese Szene zu kümmern. Ich rannte durch mehrere kleine Gassen, kam um eine Ecke und sah vor mir eine Piazza mit Geschäften und Restaurants, an der ich auf meinem Hinweg vorbeigekommen war. Ohne zurückzuschauen suchte ich Zuflucht in einem kleineren Restaurant, setzte mich in die hinterste Ecke und holte erstmal tief Luft. Doch die Panik verliess mich nicht – und da war er schon wieder! Er hatte seinen Wagen verlassen und lief auf dem Platz herum, auf der Suche nach mir. Offenbar hatte er nicht gesehen, wohin ich gerannt war, aber war ich sicher?! Nun stand er genau vor dem Restaurant, mein Atem stockte. Ich versteckte mich unter dem Tisch und wartete ab. Die Serviererin schien sich nichts dabei zu denken, ignorierte schlicht mein eigenartiges Benehmen. Ich konnte von unten das Fenster sehen und ihn beobachten. Er ging von Shop zu Shop, von Restaurant zu Restaurant, doch er kam nicht in dieses Restaurant! Weshalb? Es gab keine Logik dafür, denn er klapperte wirklich jedes einzelne ab! Wurde ich von einer unsichtbaren Macht beschützt? Nach einer ganzen Weile gab er die Suche auf, stieg wieder in seinen Wagen und fuhr wie ein Wilder davon. Ich traute der Stille nicht so recht und verblieb dort noch eine weitere Stunde.

Danach lief ich, so schnell, wie es meine müden Beine noch vermochten, zu meinem Hotel, immer wieder zurückschauend, ob er mir nicht irgendwo auflauerte. Wie hatte er mich nur erkannt? Das war mir ein Rätsel. Ich verblieb in der Hotellobby bis um sechs Uhr abends, die abgemachte Zeit, wann mein Bus mich abholen würde. Der Bus kam nicht! Ängstlich wartete ich eine weitere Stunde und realisierte schliesslich, dass irgendetwas mit der Buchung schief gegangen war. Ich musste diesen Bus unbedingt bekommen und nahm daher die Dinge in die eigenen Hände. Ich liess ein Tuk-Tuk kommen (sicherlich kein Taxi!), das mich zum Busbahnhof fuhr. Viele Busse warteten, doch ich sah keinen, der in den Süden fuhr. Irgendetwas konnte hier nicht stimmen! Ich schien vom Pech verfolgt, dennoch spürte ich, dass ich irgendwie beschützt wurde. Vielleicht von einem Schutzengel?

Zu meinem grossen Glück hatte es im Terminal eine Polizeistelle. Ich sprach einen netten Polizisten, etwa Mitte fünzig, an und erklärte ihm meine Situation.

„Wo Du gebucht?", fragte er in relativ gutem Englisch.

Ich gab ihm mein Ticket.

„Ah, ich kenne dieses Büro. Einer meiner Freunde arbeitet dort. Setzen auf diese Bank hier und ich telefonieren." Er ging in sein Büro, doch niemand nahm ab! Das schien ihn nicht gross zu irritieren, denn er wählte nun eine andere Nummer und sprach mit jemandem. Er sah wütend aus und er drückte sich mit einer Gestik aus, als ob derjenige am anderen Ende ihn hätte sehen können. Offenbar haben die Thailänder mehr Temperament, als man denkt.

Mittlerweile war es acht Uhr abends, die offizielle Abfahrtszeit meines Busses. Wenn ich noch eine Nacht hier bleiben müsste, würden das meine Nerven wohl nicht überstehen, dachte ich im Stillen und beobachtete den Polizisten. Aber irgendwie fühlte ich mich ruhig und vertraute diesem Mann. Nach einer langen, endlosen Weile stand er endlich auf und kam auf mich zu.

„Machen keine Sorgen mehr, jemand kommt abholen. Bus warten auf Dich." Er erklärte mir, dass diese Reisebüros Touristen Tickets für Privatbusse verkaufen würden, was in Thailand nicht gerne gesehen werde, denn sie verlangten oft zuviel und das sei nicht gut für den Tourismus. Sie würden die Leute direkt einsammeln oder in abgelegenen, dunkeln Strassenvierteln warten, damit die Polizei sie nicht sehe.

Ich wartete wiederum etwa eine halbe Stunde, es ging auf neun Uhr zu. Auf einmal sah ich einen Mann in die Polizeistelle kommen. Der Polizist schien ihm Vorwürfe zu machen und der Mann verbeugte sich mit der Gestik der Entschuldigung. Ich nahm an, dass er den Mann persönlich kannte.

Der Polizist stellte ihn mir vor: „Dieser Mann jetzt zu Bus bringen. Habe keine Angst." Offenbar sah er mir an, dass ich ängstlich und verunsichert war, schliesslich begab ich mich inmitten der Nacht in die Obhut eines fremden Mannes, der mich irgendwohin bringen sollte.

Ich bedankte mich mit der traditionellen Gestik für seine Hilfe und setzte mich hinten auf das Motorrad dieses fremden, nicht gerade nett aussehenden Mannes und fuhr mit ihm durch die Nacht. Es hatte keinen Verkehr und war absolut düster und unheimlich. Ich betete, dass der Polizist die Wahrheit gesagt hatte. Nach kaum fünf Minuten entdeckte ich in einer völlig abgelegenen Seitenstrasse den Bus, der kaum zu sehen war. Wir hielten an und stiegen vom Motorrad.

Es war so dunkel im Bus, dass ich nicht mal die Reisenden erkennen konnte, doch spürte ich, wie alle Augen auf mir lasteten. Ich nahm an, dass sie nicht gerade glücklich waren, dass sie so lange auf eine Person hatten warten müssen, und das in der Hitze, denn der Bus hatte seine Klimaanlage nicht an! Ich bestieg den Bus, ohne mit dem Fahrer Blicke oder Worte zu wechseln. Kaum hatte ich auf dem letzten verfügbaren Sitz Platz genommen, legte der Bus auch schon los. Die Kühlanlage und die Innenlichter gingen an. Nun sah ich die Reisenden und sie sahen mich – und sie waren mir nicht gerade freundlich gesinnt! Nur der junge Mann neben mir schaute mich kurz lächelnd an, nickte mir zu und widmete sich mit geschlossenen Augen wieder seinem Walkman. Ich war unendlich erleichtert, diese Stadt verlassen zu können, und froh, dass ich nicht reden musste. Ich machte einfach die Augen zu, dankte Gott für den glimpflichen Ausgang, und dafür, dass ich beschützt worden war, und fiel in einen unnatürlichen, unruhigen Schlaf. Ich konnte einfach immer noch nicht im Sitzen schlafen!

Chang Mai soll eine sehenswerte Stadt sein, viele Touristen lieben sie, doch leider war sie für mich nur mit schrecklichen Erlebnissen verbunden. Wenn man vorsichtig genug ist und sich an die Empfehlungen für Touristen hält, sollte eigentlich nichts schief gehen. Dies ist vielleicht eine Lehre für diejenigen, die etwas zuviel Abenteuerlust verspüren und – obwohl Thailand frauenfreundlich ist – sich dennoch in Acht nehmen sollten.

Direkt in den Süden

Mein Nacken fühlte sich steif an, doch die Anspannung der vergangenen zwei Tage liess langsam nach. Ohne Unterbruch war der Bus bis nach Bangkok und dort zum Hauptbusterminal gefahren, wo auch die Busse Richtung Süden warteten. Ich hatte kein eigentliches Ziel, sondern träumte immer noch von Sonne, Meer, Strand und viel Ruhe. Deshalb suchte ich mir einen Bus, der in den Süden fuhr, stieg ein, zahlte dem freundlichen Fahrer einen minimalen Betrag und setzte mich in die Mitte des Busses. Vom Fenster aus beobachtete ich das emsige Treiben der Thailänder. Die Leute, die einstiegen, waren nicht wie die Menschen in Bangkok gekleidet, sondern trugen einfach gewickelte farbige Sarongs und Sandalen. Oft hatten die Frauen ihre Kinder auf den Rücken gebunden, damit sie ihre Säcke tragen konnten, und oft auch Käfige mit lebendigen Hühnern. Alles Gepäck wurde auf dem Dach oder im hinteren Teil des Busses verstaut. Mir fiel auf, dass kaum junge Männer im Bus sassen und ich die einzige Ausländerin war. Den Luxus vom vorherigen Reisebus mit Klimaanlage gab es hier nicht, doch das machte mir nichts aus. Ich wurde zwar verwundert angestarrt, doch schienen die Menschen irgendwie anders zu sein, als diejenigen, denen ich bisher begegnet war. Alle lächelten mich freundlich an. Vermutlich waren sie aus dem Süden und waren fürs Wochenende nach Bangkok gekommen, vielleicht um die Familie zu besuchen oder einzukaufen.

Dann fuhr der Bus endlich Richtung Süden los und ich fühlte mich viel ruhiger und zuversichtlicher, dass Dinge von nun an positiver sein würden. Auf meiner Karte suchte ich einfach eine Stadt aus, die am Meer lag und deren Name mir gefiel. Die Entscheidung fiel auf Huan Hin. Während der gesamten Fahrt hatte ich die Karte in meiner Hand und versuchte jede Ortstafel zu identifizieren, damit ich wusste, wo ich mich gerade befand, und meinen gewählten Ort nicht verpassen würde. Und siehe da, jeder Ort war in Thailändisch und in Englisch angeschrieben! Die Fahrt ging an Reisfeldern vorbei, aber vom Meer war noch nichts zu sehen.

Hua Hin liegt 230 km von Bangkok entfernt, was etwa drei Stunden Fahrt bedeutete. Nach zwei Stunden hielt der Bus, doch konnte ich keinen Namen ausmachen. Alle Leute stiegen aus und nun war ich wirklich verwirrt. Wo war ich? Es konnte unmöglich schon Hua Hin sein, denn das Meer war noch nicht in Sicht. Ich blieb sitzen, in der Hoffnung, dass der Bus weiterfahren würde. Bevor ich mir weitere Gedanken darüber machen konnte, kam der Busfahrer auf mich zu, nahm meinen Rucksack und gab mir mit einer Handbewegung zu verstehen, dass ich ihm folgen solle. Eigenartigerweise fühlte ich mich bei diesen Südthailändern sicher und gut aufgehoben. Ihre ganze Art gab mir ein Vertrauen, das ich weder in Bangkok noch in Chang Mai erfahren hatte. Ich folgte ihm einfach und wir kamen zu einem anderen regionalen Bus. Er erklärte dem Fahrer etwas, platzierte mein Gepäck auf einer Bank und gab mir das Zeichen, mich danebenzusetzen. Er verbeugte sich vor mir und ich machte ihm dasselbe nach. Er lächelte mich an und ging. Ganz alleine sass ich nun im Bus und wunderte mich, ob ich wirklich dort landen würde, wo ich hinwollte. Ich war überhaupt nicht ängstlich, sondern vertraute meinen Instinkten, die immer noch positiv waren. Dieser Bus sah noch älter aus als der letzte, aber offenbar fuhren sie ohne Probleme. Kurze Zeit später füllte sich der Bus mit Einheimischen.

Die Leute hatten Interesse an mir, näherten sich aber nie, sondern lächelten mir nur scheu zu. Wieder spürte ich, dass diese Leute aus dem Süden so völlig anders waren. Ihre Gesichter waren zwar von harter Arbeit und der Sonne geprägt, doch strahlten sie Zufriedenheit aus. Sie waren einfach gekleidet, fast ärmlich, dennoch sauber und ordentlich und sie hielten ihre Körper in einer gewissen anmutigen Haltung, die mir sehr imponierte, hatte meine Mutter mich doch stets ermahnt, gerade zu stehen: „Kind, Kopf hoch, Brust raus, Bauch rein!" Ich konnte das einfach nicht und liebte es, den Gang von Ballettänzerinnen zu beobachten, insgeheim zu wünschen, ich könnte dies auch, doch brachte ich das nie so recht hin. Mein Vater verglich meinen Gang mit dem eines Elefanten!

Ein alter Mann, dessen Alter sehr schwer zu schätzen war, sass auf der gegenüberliegenden Bank mit einem kleinen Kind auf seinem Schoss, offenbar sein Enkelkind, und lachte mich strahlend an. Er hatte kaum mehr Zähne und die, die er mit Stolz zur Schau stellte, waren rot! Ich hatte dies zum ersten Mal gesehen – später jedoch immer öfters und immer waren es alte Männer. Er kaute an etwas herum, wie ich erst viel später erfuhr, einer Art Kautabak, der die Zähne rot färbt. Ich hörte auch, dass der Tabak von den alten Männern den ganzen Tag lang gekaut wird und als leichte Droge gilt. Mehr fand ich darüber nie heraus. Vielleicht ist es etwas Harmloses, das in Thailand nicht illegal ist.

Plötzlich stieg der von mir so ersehnte Meeresduft in meine Nase. Ich konnte das Wasser zwar noch nicht sehen, doch das konnte ja nicht mehr lange gehen. Hua Hin war gleich die erste Stadt am

Meer, wie mir das Ortsschild kurz darauf bestätigte. Würde ich mich hier wohl fühlen? Konnte ich hier endlich zur Ruhe kommen? Ich hoffte es sehr!

Hua Hin – endlich Ruhe und Meer

Hua Hin ist eine der bekanntesten und ältesten Badeorte Thailands mit kilometerlangem Sandstrand. Die Stadt ist bekannt für ihre Sauberkeit und Ordnung. Obwohl wir bereits in der Stadt waren, wusste ich natürlich nicht, wo das Zentrum lag und wo ich aussteigen musste. Diese Ungewissheit wurde mir rasch genommen, denn der nette Busfahrer gab mir ein Zeichen und sogleich nahm ich den Markt an der Strasse wahr. Woher er und der andere Fahrer wussten, wohin ich wollte, ist mir bis heute schleierhaft. Vielleicht besuchten alle Rucksackreisenden zuerst diese Stadt, wer weiss! Ich bedankte mich freundlich und stieg aus. Die exotischen Düfte der Gewürze stiegen gleich in meine Nase und ich merkte, dass ich schon lange nichts mehr gegessen hatte und wirklich hungrig war. Vor dem Essen wollte ich mir jedoch ein kleines Hotel suchen und folgte einfach meiner Nase – Richtung Meer! Ich fühlte mich beschwingt und sicher. Die Strasse, gesäumt von zahllosen Essständen mit Thais, die meist im Stehen ihr Mittagessen verschlingen, lud zum Essen ein. Es duftete herrlich und sah sehr appetitlich aus. Doch fühlte ich mich zu müde, war verschwitzt und der Rucksack hing schwer auf meinem Rücken – ich ging weiter. Das Stadtinnere ist sehr klein.

Wie von einer unsichtbaren Hand geführt, stand ich in einer Gasse plötzlich vor einem sehr kleinen Gasthaus. Ein Schild hing draussen mit der Aufschrift „unter englischem Management". Irgendwie zog es mich gleich in dieses Hotel. Es hatte keinen richtigen Eingang, sondern war über die offene Bar zugänglich, die an einem kleinen, von tropischen Pflanzen umgebenen, idyllischen Gartensitzplatz lag. In der Mitte standen solide Holztische mit Bänken. Ein europäisch aussehender, ungefähr 50-jähriger Mann stand hinter der Bar und fragte mich in klarem Englisch, ob ich ein Zimmer suche, was ich bejahte. Er streckte mir die Hand entgegen.

„Hallo, ich heisse Tom. Ich werde gleich meine Frau rufen, damit sie Dir ein Zimmer gibt. Du kannst auswählen, denn Du bist die Einzige hier. Wir haben ja auch nur sechs Zimmer. Kann ich Dir einen Drink anbieten?" Ja, hier gefiel es mir! Tom war der Eigentümer, mit einer Thailänderin verheiratet. Die Bar war auch gleich seine Rezeption, denn da war er meist zu finden. Ich brauchte weder Formulare ausfüllen noch meinen Pass zeigen. Seine Frau, eine zierliche, hübsche Thailänderin, begrüsste mich mit der üblichen Thai-Gestik, die ich mittlerweile auch gelernt hatte. Alle sechs Zimmer waren hübsch eingerichtet. Ich konnte die Handschrift einer Frau entdecken, der es wichtig war, dass die Zimmer ordentlich aussahen, mit kleinen niedlichen Details versehen, die Männer meist nicht beachten würden. Alle Zimmer hatten einen eigenen Eingang und alle führten gleich zur Bar und zum Garten. Sie waren klein, sehr sauber, mit Dusche und WC unter freiem Himmel. Was für ein Erlebnis, unter freiem Himmel zu duschen! Das mit der Toilette war aber gewöhnungsbedürftig und mein Toilettenpapier wurde hier lebensnotwendig, denn es hatte nur eine Handdusche, um sich danach sauber waschen zu können. Sicherlich sehr hygienisch, jedoch empfand ich es als sehr unangenehm, ohne abzutrocknen meine Hosen wieder anzuziehen, deshalb das Toilettenpapier! Nach einer herrlichen Dusche überkam mich eine bleierne Schwere und das Bett sah so einladend aus. Für ein Stündchen wollte ich mich etwas hinlegen und dann essen gehen.

Es war dunkel, als mich der knurrende Magen weckte, doch nicht so spät, dass es kein Essen mehr geben würde. Tom rief mir, sobald ich aus der Türe kam, zu, ich solle ihm Gesellschaft leisten, bis seine Frau mein Essen bereit habe. In der Zwischenzeit lud mich Tom zu einem Drink an der Bar ein und überfiel mich mit Fragen über Europa. Tom hatte schon seit Jahren seine Heimat nicht mehr besucht, ihm gefiel das Leben in Thailand, aber ab und zu hätte er doch gerne englische Zeitungen gelesen, die es hier aber eben nicht gab. Er war zufrieden mit seinem Leben. Unser Gespräch wurde von Toms Frau unterbrochen, die mich freundlich und mit respektvoller Geste zu Tisch bat. Ich setzte mich auf eine Holzbank an einem dicken, runden Holztisch, der nun gedeckt war mit einer Schüssel Basmatireis und einem irdenen Topf mit einer grün-gelblichen Speise, die köstlich duftete und wunderbar schmeckte. Ich liess mich von Tom aufklären, der immer noch hinter seiner Bar stand, dass ich grünes Hühner-Curry genösse. Die Farbe bekomme die Speise durch frischen Koriander, die dicke und leicht süsse Sauce würde mit Kokosmilch angemacht. Rundum satt und zufrieden gesellte ich mich für eine Weile wieder zu Tom, doch die Müdigkeit holte mich rasch ein und ich zog mich mit zwei Literflaschen Wasser in mein Zimmer zurück. Ich fiel sogleich in einen tiefen, langen Schlaf.

Es war noch dunkel, als mich wunderbares Vogelgezwitscher weckte. Wo war ich überhaupt? Ach ja, in Hua Hin. Wieder widmete ich mich diesen melodischen Tönen, die ich noch nie zuvor gehört hatte. Ich liess sie auf mich einwirken, bis der Tag anbrach. Ich fühlte mich frisch und ausgeruht, es war mir wohl und ich begann nun Notizen über die Geschehnisse seit meiner Ankunft vergangene Woche in mein Tagebuch niederzuschreiben. Das Duschen unter freiem Himmel fühlte sich sehr befreiend an, dennoch lauschte ich auf Stimmen, die auf der anderen Seite zu hören waren. Erst nach einer Weile realisierte ich, dass es Toms Frau war, die im Hintergarten die Wäsche aufhängte und mich eigentlich nicht sehen konnte. Das war beruhigend, doch brauchte ich etwas mehr Überwindung auf der Toilette! Frühstück wurde im englischen Stil serviert, mit Toast, Würstchen, Speck und Ei.

Es war Zeit, dass ich mich im Ort orientierte und endlich mein geliebtes Meer sah, das gleich am Ausgang der kleinen Gasse lag, mit einem kilometerlangen feinen, weissen, sehr breiten Sandstrand, der, so weit das Auge reichte, von riesigen Hotels gesäumt war. Überall hatte es Stände mit frischen Früchten, doch Ausländer sollten in diesen Ländern keine ungeschälten Früchte konsumieren. Das ist ganz schön schwer, denn diese tropischen Düfte sind einfach herrlich, doch meine Gesundheit war mir zu wichtig. Einen Arzt wollte ich in diesen Ländern nicht gerade aufsuchen müssen und ein Krankenhaus von innen sehen erst recht nicht. Ein Spaziergang am Meer musste einfach sein und so zog ich meine Schuhe aus und ging barfuss über den weichen, weissen Sand; was für ein wunderbares Gefühl! Zwischendurch lief ich durchs Wasser, was meine wintergeschädigten Füsse dankbar begrüssten. Die Fruchtstände hatten mich durstig gemacht und ich beschloss, den nahegelegenen Markt zu besuchen, um mir Früchte zu besorgen. Das reiche Angebot an exotischem Gemüse, bunten Früchten bis hin zu den Gewürzen zog mich in den Bann. Ich kannte kaum etwas und hatte nicht den Mut, irgendwelche, noch nie gesehene Früchte zu kaufen. So abenteuerlustig war ich eben „noch" nicht. Ich kaufte Äpfel und Orangen und das reichte vorerst. Der Rückweg zum Gasthof führte wieder an den Essständen vorbei. Es gab einfach alles, von Nudel- zu Hühnergerichten bis hin zu Süssigkeiten, meist in Öl gebacken und zu köstlich, um daran einfach vorbeizugehen! Die Leute waren überhaupt nicht aufdringlich und die Preise sehr niedrig.

Diesen ersten Tag verbrachte ich einfach damit, herumzugehen und mir für alles Zeit zu lassen. Am Nachmittag war ich bereit für eine Siesta und schlief auch prompt wieder ein. Abends wurde mir ein Rindfleischsalat à la Thai serviert – höllisch scharf, aber eine absolute Delikatesse. Nach ein paar wenigen Worten mit Tom überfiel mich erneut Müdigkeit und schon war ich wieder im Bett untergetaucht – es war so weich und kuschelig – und ich schlief wie eine Königin. Offenbar hatte ich viel Schlaf nachzuholen und dieser Ort gab mir ein Gefühl der Geborgenheit und Sicherheit. Das Leben begann mir zu gefallen!

Die Tage vergingen wie im Flug, aber da war keine Eile und keine Sekunde lang kam Langeweile auf. Genau diese Art von Leben brauchte ich: Ruhe, Sonne, Meer und Sand. Morgens und abends spazierte ich den Strand entlang und genoss die Stille. Meine Probleme schienen weit weg, die Emotionen waren ausgeglichen und ich fühlte mich Gott und der Welt nahe wie schon lange nicht mehr. Jeden Tag gab es einen Gang in die kleine Stadt, wo ich das emsige Treiben der Südthailänder bestaunte. Die Leute waren sehr freundlich, nie hörte ich laute Worte. Obwohl der Norden bekannt ist für seine Klöster, und viele Ausländer dort in Meditationszentren gehen, fielen mir hier im Süden die vielen buddhistischen Mönche eher auf (vielleicht war ich ja zu Beginn blind gegenüber diesen Dingen gewesen – kein Wunder!). Wann immer man sie durch die Strassen ziehen sieht mit ihren leuchtenden orangefarbigen Gewändern, eilen die thailändischen Frauen zu ihnen und geben ihnen etwas zu Essen in einen Behälter, den sie immer bei sich tragen. Sie betteln nie und leben nur von dem, was die Menschen ihnen geben. Diese Mönche werden sehr respektiert und sie scheinen scheu und zurückgezogen, zeigen ein zutiefst zufriedenes Gesicht, mit leuchtenden Augen, die Wissen und Harmonie ausstrahlen. Hier scheint die Religion gelebt zu werden, nicht nur gepredigt, ohne wirkliche Handlungen, wie das im Westen oft der Fall ist. Der Buddhismus ist eine der sanftesten Religionen, mit einem tiefen Respekt für alles Lebende – inklusive Ameisen! Diese Mönche machten mich neugierig, mehr über ihre Religion zu erfahren. Wann immer ich im Hotel ankam, rief mir Tom zu, ihm Gesellschaft zu leisten und spendierte mir ein Bier. Wir redeten gerne miteinander und mit der Zeit wurden die Gespräche etwas persönlicher. Eines Tages erzählte er mir von seiner ersten Ehe, an die er noch emotional gebunden zu sein schien. Dies gab mir den Mut, zum ersten Mal über meine Scheidung zu sprechen und alles in Worten auszudrücken – nicht gerade einfach. Wut kam hoch, Wut auf meinen Ex-Mann, dass er mein Vertrauen so sehr missbraucht hatte, Wut auf mich selbst, dass ich zugelassen hatte, mich so erniedrigt und nutzlos zu fühlen. Ich war Tom dankbar, dass er einfach zuhörte.

Die langen Spaziergänge am Strand taten mir gut. Meine Gedanken drehten sich nicht mehr um das Weshalb und Ach-ich-Arme! Das Meer, die Weite und der feine, weisse Sandstrand nahmen mich weit weg von meiner Vergangenheit und brachten mich näher zu mir selbst. Ich spürte, dass es etwas Grösseres gibt, von dem wir Menschen zwar etwas ahnen, wir jedoch nicht bewusst wahrnehmen. Auf das vertraute ich, dass alles seinen Sinn hatte, auch wenn ich dies im Moment nicht verstehen konnte. Mir war klar, dass ich von den Problemen wegrannte und sie mich irgendwann einholen würden. Die Zeit war aber noch nicht reif, den Verlust aufzuarbeiten, alles war noch zu frisch und zu schmerzhaft. Ich brauchte Abstand und Zeit, die bekanntlich heilen kann.

Ich erwog, in Hua Hin zu bleiben und für eine Saison zu arbeiten, doch etwas drängte mich zum Weitergehen. Wohin, wusste ich nicht. Ich war auf der Suche nach etwas, doch was war das? Wie lange sollte ich ohne jegliches Ziel umherirren? Diese Fragen liess ich für ein paar Tage ruhen und siehe da, Tom erzählte mir von einem Ort, etwa zweieinhalb Autostunden südlich, wo ein pensionierter Amerikaner mit seiner thailändischen Frau ein paar Hütten verwalte, und dass dies ein beliebtes Reiseziel für Rucksacktouristen sei. Es sei ziemlich abgelegen. Er bringe alle paar Monate Lebensmittel, die sein Freund dort nicht bekommen könne, und verbinde die Reise mit einem Wiedersehen. Tom offerierte mir, ihn zu begleiten. Etwas Besseres hätte mir nicht passieren können, als mit einem ortskundigen Menschen ans nächste Ziel zu kommen – kein Reisebuch konnte so etwas organisieren!

Zwei Tage später beluden wir seinen Jeep und machten uns auf den Weg. Für eine ganze Weile ging es landeinwärts, vorbei an satten, grünen Reisfeldern mit umliegenden Hügeln. Die lokale Bevölkerung, sonnengebrannt, mit ihren grossen, runden Hüten, bestellten ihre Felder. Ihre Arbeitsweise war, verglichen mit unseren westlichen Verhältnissen, primitiv. Die Menschen lächelten uns zufrieden zu. Da gab es keine Hast, keinen Stress, die Leute schienen in Harmonie mit sich selbst und ihrer Umwelt zu sein. Nach ein paar Stunden sahen wir wieder das Meer mit kilometerlangen, weissen Sandstränden und keinen Menschen weit und breit. Wir erreichten einen kleinen Ort.

Ein namenloses Paradies – eine eigenartige Vision

Nach einer Fahrt ohne jeglichen Autoverkehr änderte sich das schlagartig, als wir in den kleinen Ort einfuhren. Plötzlich wurde alles hektisch: alte, hupende Autos und Thailänder auf ihren Fahrrädern, die ständig klingelten, um den Autofahrern zu signalisieren, dass sie vorschichtig sein sollten. Alle fuhren in dieselbe Richtung und ich wunderte mich, wo sie alle hin wollten. Dann sahen wir Menschen mit Einkaufstaschen, gefüllt mit Gemüse und frischen Früchten, die Strasse überqueren und kurz darauf kam der grosse, offene Markt zum Vorschein. Mir war schon früher aufgefallen, dass der Markt in jeder Stadt, wenn sie auch noch so klein ist, der Hauptanziehungspunkt für die Bevölkerung ist. Hier kaufen die Einheimischen täglich für ihre Familien ein, alles ist frisch und wunderschön präsentiert; Männer, Frauen, Kinder und Mönche treffen sich hier, um ein paar Worte miteinander zu tauschen. Mönche werden stets respektvoll begrüsst und oft gibt man ihnen von dem, was man gerade gekauft hat, was jene in ihre Säcke verpacken, nachdem sie sich genauso ehrerbietig dafür bedankt haben. Eine schöne Geste! Wir verliessen den Markt und bogen rechts ab, um sogleich wieder auf einer einsamen Strasse zu landen. Es ging nicht lange, da wurde die Strasse zunehmend schlechter. Wir bogen links ab und gerieten auf einen schlecht zu befahrenden Weg, der uns durch eine hohe Kokospalmenplantage führte. Schon nach wenigen Metern sichtete ich eine grosse Hütte – dann war die Strasse zu Ende, eine Sackgasse.

Ein etwa 70-jähriger Mann kniete neben einem Fahrrad, das er gerade reparierte. Tom hielt genau vor ihm an und als dieser ihn erkannte, leuchteten seine Augen. Erst als er sich aufrichtete, sah man seine stattliche Grösse. Sein Gesicht zeigte eine sonnengebrannte Haut mit vielen tiefen Falten und mit einem Ausdruck von absoluter Zufriedenheit. Beide begrüssten sich herzlich und Tom stellte ihn mir als Phil vor, den Amerikaner, von dem er mir erzählt hatte. Es war sehr ruhig hier; abgesehen von den gackernden Hühnern, die frei herumliefen, sah ich sonst niemanden.

Während die beiden sich miteinander unterhielten und den Proviant beim ersten Haus abluden, sah ich mich etwas um. Das

Gebäude war wohl Phils Zuhause, mit den nötigsten Wänden und wenigen Fenstern, die nur mit Mückengittern versehen waren. Vor dem Eingang stand ein riesiger, langer Holztisch mit Sitzbänken, von wo man die Küche sehen konnte. Etwas weiter weg erkannte ich etwa zehn kleine Hütten, alle auf Holzstelzen, um Kriechtiere möglichst fernzuhalten. Ich konnte mir gut vorstellen, dass es in dieser Einöde nur so von Schlangen, Skorpionen und Spinnen wimmelte. Eine kleine zierliche Thailänderin, vielleicht vierzig Jahre alt, kam in dem Moment zur Hütte heraus und begrüsste Tom auf die übliche thailändische Art. Tom stellte sie mit dem Namen Supina vor. Da sie kaum Gäste hatten, boten sie mir eine der besseren Hütten mit Dusche und WC an, wovon es nur sehr wenige hatte. Meine Hütte war einfach, gedeckt mit Holz und Palmwedeln, dass Innere war über ein paar Stufen zu erreichen. Eine kleine, gemütliche „Terrasse" mit zwei Stühlen lud zum Draussensitzen ein, falls die Mücken einen nicht stachen! Der Eingang hatte auch eine Mückentüre, ideal um etwas Durchzug in den heissen Raum zu bringen. Das Zimmer war klein, das einfache Holzbett mit einem Mückennetz nahm fast den ganzen Raum in Anspruch, aber irgendwie gemütlich. Das Badezimmer schloss direkt an den Raum an, ohne Türe. Zu meinem Erstaunen hatte es eine Toilette mit Wasserzug, ein richtiger Luxus! Die Dusche war sauber und hatte fliessendes Wasser – etwas, was ich hier in der Einöde wirklich nicht erwartet hätte. Fenster gab es nicht, sondern kleine Öffnungen, die mit Mückengittern verkleidet waren, sorgten für die Luftzirkulation.

Vorsicht Kriechtiere! Was man in Thailand gleich lernt, ist, die Räumlichkeiten vor dem Schlafengehen nach Skorpionen, Spinnen und Schlangen abzusuchen, vor allem in einer so ruhigen und abgelegenen Gegend wie dieser. Es gibt keinen Mangel an diesen

Tieren! Sicherlich nicht gerade einfach für ein verwöhntes Mädchen wie mich, das hysterisch reagiert, wenn sie nur einer Spinne begegnet. Diese „Tierchen" hier sind fast alle so giftig, dass sie einen Menschen in kurzer Zeit töten könnten. Ein kleiner Trost ist, dass Spinnen und Schlangen eher Angst vor Menschen haben und diesen eigentlich nur soviel Gift „injizieren", damit sie verschwinden können. Somit kann man durchaus das Glück haben, den Biss zu überleben.

Ich suchte alles ab, bis in die kleinste Ecke, fand nichts und glücklicherweise gab es das Mückennetz.

Ein paar Stunden später verabschiedete sich Tom von uns und machte sich wieder auf seinen Heimweg. Laut Phil waren noch zwei Hütten belegt, doch erwartete er in ein paar Tagen einige Neuankömmlinge. Zeit, sich mit der neuen Umgebung bekannt zu machen! Der ganze Komplex lag inmitten von hohen Kokospalmen. Ich konnte durch die Palmen bereits das Meer ausmachen, nur etwa hundert Meter entfernt. Der gesamte Boden war aus weissem, festem Sand und die Palmen wuchsen einfach so aus diesem Sandboden heraus! Ein kurzer Spaziergang zu meinem geliebten Meer musste natürlich sein. Der weisse Sand war so fest, wie ein harter Erdboden. Der wunderschöne, weisse Sandstrand erstreckte sich über viele Kilometer. Ich spürte, dass ich mich hier noch besser erholen würde, der Ort hatte etwas Magisches an sich und ich freute mich auf die kommenden Tage. Oder Wochen, wer weiss?

Ich liebte es, frühmorgens den langen Strand entlang zu laufen. Schnell hatte ich entdeckt, wo die Fischerboote anlegten, um die Fülle ihrer Fänge zu verkaufen: kleine und grosse Fische, Krustentiere – eine reiche Auswahl. Nachdem der Fisch verkauft war, setzten sich die Fischer mit ihren Netzen an den Strand, um mit einer Engelsgeduld Löcher mit „Faden und Garn" zu flicken. Sie hatten kein Interesse an mir, erlaubten mir aber stillschweigend, einfach dort zu sitzen und ihnen zuzuschauen. Jeden Tag galt dieselbe Routine.

Auf dem Rückweg hielt ich jeweils an einem Platz am Strand, der mich irgendwie anzog, und verweilte dort lange Zeit (mittlerweile kam ich ohne Uhr aus und richtete mich schlicht nach Sonnenstand und Hitze). Ich setzte mich in den Sand und nahm die Wärme der Morgensonne in mich auf. Das Funkeln des blauen Meeres blendete meine Augen. Diese Ruhe und Harmonie hatten eine beruhigende Wirkung auf meine Emotionen. Ich dachte nicht viel über die Vergangenheit nach, sondern war im Jetzt und genoss es, so lange es dauern würde. Meist war ich ganz alleine und hatte keine Ahnung, wo sich die restlichen Reisenden (im Moment nur eine Gruppe von jungen Schweden) tagsüber versteckten. Nur zum Essen erschienen sie. Die thailändische Küche ist bis heute meine Favoritin, obwohl ich nicht mehr soviel Schärfe vertrage. Supina kochte abwechslungsreich, mit viel Gemüse, Nudeln und etwas Huhn oder Fisch – und scharf! Sogar zum Frühstück wurde eine feurig-scharfe Nudel-Gemüse-Kokossuppe mit einem rohen „biologischen" Ei serviert. Für uns Europäer ist das gewöhnungsbedürftig, doch mit der Zeit freuten wir uns jeden Morgen auf diese göttliche Suppe. Sie nährte und gab Kraft für den ganzen Tag.

Vor dem Eindunkeln ging ich nochmals an den Strand und beobachtete, wie die Fischer ihre Netze im Meer auslegten. Kurz vor Sonnenuntergang setzte ich mich wieder an meinen Platz, ein guter Tagesabschluss. Abends verspürte ich oft eine tiefe Liebe zu allem Lebenden. Es war wie eine Art Meditation, doch schloss ich nie meine Augen.

Vor meiner Abreise aus der Heimat besuchte ich einen Meditationskurs, von dem ich mir erhofft hatte, dass meine leidende Seele etwas Ruhe finden würde. Dort sollte ich lernen, störende Gedanken loszulassen, damit ich nicht noch krank würde. Doch die Meditation gelang mir nicht gut, ich fand einfach keine innere Ruhe und als die Lehrerin fragte, was ich sähe, war meine Antwort: „Alles ist sehr dunkel, düster und ruhig." An ihrem Gesicht konnte ich ablesen, dass das nicht die erwartete Antwort war und sie bedrückt schien, aber sie sagte nie etwas.

Am vierten Tag, an einem wunderschönen, ruhigen Abend sass ich wie immer im Sand an meinem Platz und blickte zum fast schon kitschig-rosaroten Horizont. Das sanfte Licht der Sonne zusammen mit dem leichten Wiegen der Wellen versetzte mich in eine Art Trance und ich verspürte einen tiefen, inneren Frieden. Dieses Mal war aber etwas anders: Ich verspürte ein tiefe Liebe in mir und zu allem um mich herum. Das war nicht unüblich, doch auf einmal kamen mir die Tränen und ich liess sie einfach zu. Währenddem ich zum Horizont schaute, in völliger Stille, geschah etwas Eigenartiges, nicht mit meinen Augen, denn diese schauten immer noch gen Horizont, sondern zwischen meinen Augen. Da tat sich eine Tür auf, durch die ich hindurchsehen konnte. Es war, als ob ich mit dem Fernrohr durchschauen und einen Ort sehen würde, den ich bereits kannte – Zypern. Ich empfand ein Gefühl des Heimkommens und Wohligkeit. Ich sah die Felsen, die ich kannte, und das Meer, wie es gegen die Felsen preschte. Ich machte mir keine Gedanken, stellte keine Fragen, sondern beobachtete die Szene, die sich zwischen meinen Augen abspielte. Ich sah aber nicht nur die wunderschöne Gegend Zyperns, sondern hörte eine innere Stimme. Sie offenbarte mir, dass ich an Heiligabend, dem 24. Dezember, ein Kind zur Welt bringen würde. Das Jahr dieses wundersamen Geschehens in der Zukunft konnte ich weder sehen noch hören. Es war aber ganz real und der tiefe Frieden verblieb in mir noch eine ganze Weile, bis die Sonne am Horizont unterging.

In meinem Bungalow setzte ich mich zuerst einmal etwas verwirrt auf den Stuhl und liess nochmals diese eigenartige Begebenheit auf mich einwirken. Nun prasselten die Gedanken und Fragen auf mich ein: Was war hier gerade geschehen? Wurde ich nun verrückt oder hatte ich das wirklich erlebt? War es ein Traum? Ich war ja bekannt als Tagträumerin, doch so etwas hatte ich noch nie erlebt! Von einem angeblichen dritten Auge hatte ich zwar schon etwas gehört, dort soll der Sitz der Hellsichtigkeit sein, doch mehr wusste ich auch nicht. Weshalb Zypern? Ich fand die Insel zwar wunderschön und faszinierend, doch wohl eher wegen meiner Liebe zu warmen Gegenden und dem Meer. Ich konnte mir das einfach nicht erklären.

Und was war mit dieser inneren Stimme, die mir offenbarte, ein Kind an einem 24. Dezember auf die Welt zu bringen? Mit sechzehn wurde mir von meiner Ärztin wegen schweren Menstruationsstörungen die Antibabypille verschrieben. Ich hatte über die Jahre ein paar Mal versucht, die Pille abzusetzen, doch die Probleme kamen zurück, bis ich nach dreizehn Jahren diese so kleine Pille nicht mehr runterbekam. Sie blieb förmlich im Hals stecken. Die Zeit war gekommen, damit aufzuhören und zudem war ich verheiratet und wir schlossen eine Schwangerschaft zu gegebenen Zeitpunkt nicht aus. (Allerdings glaube ich heute, dass mein Ex-Mann nicht bereit war, Vater zu werden, hatte sich aber nie negativ geäussert.) Mit dem Absetzen der Pille begannen die Probleme: Ich bekam schreckliche Kopfschmerzen, Tag und Nacht, konnte nicht mehr klar denken und meine Arbeit litt. Ich setzte mich mit meinem Arzt auseinander, der so etwas noch nie gehört hatte, mich jedoch jetzt erst vorwarnte, dass nach so langer Einnahme der Antibabypille Komplikationen, wie Sterilität oder Ausfall der Menstruation, auftreten könnten. (Tatsächlich hatte ich sie während fast zwei Jahren nicht mehr, worüber ich nicht gerade unglücklich war!) Da die Kopfschmerzen mich auch nach drei Monaten noch quälten, erzählte ich es einer Aushilfsärztin, die gerade bei uns arbeitete. Sie veranlasste noch am gleichen Tag ein CT, um einen Hirntumor auszuschliessen! Für ein paar Stunden hielt ich meinen Atem an, glücklicherweise war alles in Ordnung. Die Ärztin erklärte mir, dass eine Frau „Entzugserscheinungen" bekommen könne. Nach ein paar Wochen verschwanden die Kopfschmerzen ganz von allein.

Zurück zu meinen vielen Fragen: Ich war nun beinahe dreissig Jahre alt, geschieden und konnte mir nicht vorstellen, je wieder einen anderen Mann lieben zu können, und ohne Liebe konnten keine Kinder in die Welt gesetzt werden, so war eben mein Glaube. Zudem bestand wirklich die Möglichkeit, dass ich durch die lange Einnahme steril war. Deshalb war diese „irre" Eingebung, an einem fernen 24. Dezember ein Kind auf diese Welt zu bringen, für mich eher ein Spiel meiner Phantasie und es kam die Angst auf, dass ich wirklich als „geistig unstabil" eingestuft werden könnte, wenn ich dies jemandem erzählen würde. Somit liess ich dieses Thema ruhen. Doch das Gefühl der tiefen Liebe, das ich am Nachmittag empfunden hatte, war etwas Neues für mich. Es fühlte sich so perfekt und wunderschön an, dass ich es am liebsten ständig hätte fühlen wollen, doch dieser Zustand hielt eben nicht an.

Zwei Tage später kamen neue Rucksackreisende an und zu meiner Überraschung auch eine junge Schweizerin, Anita, und eine Deutsche, Ruth. Wir verstanden uns auf Anhieb und es war richtig schön, mal wieder in der eigenen Sprache reden zu können. Die

Gruppe aus Schweden tauchte plötzlich vermehrt auf, alles junge Männer. Sie waren laut, gebrauchten einen für mich abstossenden und primitiven Sprachjargon, fluchten die ganze Zeit und lachten mich nur aus, wenn ich mich daran störte. Sie waren konstant „high", da sie irgendwie in den Besitz von Haschisch gekommen waren, das sie abends rauchten. Offenbar fühlten sie sich hier sicher und nun wurde mir auch klar, weshalb ich sie den ganzen Tag über nie sah – sie schliefen nämlich ihren Rausch vom Vorabend aus!

Ich habe nichts gegen Haschisch, doch war ich als Krankenschwester mit Drogenabhängigen konfrontiert, die im Methadonprogramm waren, um vom Heroin wegzukommen. Obwohl Haschisch keine bleibenden Schäden zeigt und es heute sogar bei MS eingesetzt wird, bin ich immer noch der Meinung, dass der pure Umgang mit Drogen, ob nun harmlos oder nicht, das Bedürfnis für härteren Stoff automatisch steigern könnte. Vor allem emotional labile Menschen sind gefährdet. Und wer ist nicht schon einmal tief unten gewesen und hätte gerne seine Probleme vergessen? Auch Anita und Ruth hatten offenbar davon gehört und wollten das Gras eben mal ausprobieren. Anita erzählte, dass sie die „Magic Mushrooms" ausprobiert und die schlimmste Zeit ihres Lebens erlebt habe, während ihre Freundin high gewesen sei. Weshalb dieser Unterschied? Ich liess mich belehren:

„Wenn Du guter Laune bist, verstärken die Magic Mushrooms dieses Gefühl, wenn Du jedoch deprimiert bist, geschieht genau das Gegenteil und man erfährt die schlimmsten Alpträume." Weshalb sie nun auch noch Haschisch rauchen wollte, trotz der Erfahrung:

„Das ist nicht so schlimm, es bringt einen einfach in eine gewisse heile Welt, alles ist weit weg und man vergisst seine Probleme."

Um genau herauszufinden, was diese Leute in ihrem Rausch so sehen und spüren, setzte ich mich zu den beiden und befragte sie genau, vom Moment an, als sie das Kraut zu rauchen begannen, bis sie nicht mehr ansprechbar waren, da ihre Sinne völlig benebelt waren, ein Zustand, der bis zum nächsten Morgen anhielt. Hier ein paar Äusserungen: „Ich fühle mich leicht und ganz ruhig; ich sehe diese wunderbaren Regenbogenfarben, alles ist schön und friedvoll. Die Farben sind intensiv und ich höre wunderschöne Klänge."

Tönt schön, nicht wahr? Weshalb sollte man so etwas nicht mal ausprobieren, wenn es schon nicht schädlich ist? Es ist einfach nicht mein Ding. In meinem tiefsten Inneren wusste ich, dass mich die Meditation irgendwann zu denselben Ergebnissen bringen würde und ohne die Nebeneffekte und den „Hangover" am nächsten Tag.

Am nächsten Morgen, nach meinem morgendlichen Spaziergang, traf ich sie gegen zehn Uhr beim Frühstück. Sie wirkten müde und unausgeschlafen und fühlten sich nicht besonders gut. Als ich ihnen erzählte, was sie mir so alles am Vorabend vorgeplappert hatten, lachten sie laut. Ich erzählte ihnen von meinen Meditationserfahrungen. Ruth schaute mich an, als ob sie etwas überlegte, ging los und brachte ihr Reisebuch zum Tisch – ein Buch, das ich nicht hatte und viel bessere Informationen beinhaltete als das meine.

„Ich habe irgendwo etwas über ein buddhistisches Meditationszentrum gelesen. Ausländer können dort zehn Tage lang die buddhistische Meditation und Lehre kennenlernen. Das hat mich auch schon interessiert. Mal sehen, wo das ist." Und siehe da, wenn man an das Schicksal glaubt wie ich, vor allem, dass es immer zum richtigen Zeitpunkt auftaucht, wenn man es braucht: das besagte Camp lag nicht weit weg von uns und wir beschlossen alle drei spontan, dort hinzugehen. Ruth war vom Himmel gesandt, ich hatte keinerlei Informationen über ein Meditationszentrum, sonst wäre ich schon längst dorthin gegangen.

Jeder weitere Tag war wunderbar, ich fühlte mich gut und war nicht mehr alleine. Am liebsten sass ich im bequemen Korbsessel mit dem kleinen Äffchen, das wohlig auf meinem Bauch lag und mich wie ein Baby mit beiden langen Armen umklammerte, um seinen Mittagsschlaf zu machen. Ich brauchte diese körperliche Nähe genauso wie dieses süsse Ding. An einem wunderschönen Nachmittag mit einer kühlen Brise vom Meer – ich empfand die Hitze hier überhaupt nicht, auch gaben die riesengrossen Kokospalmen guten Schatten auf das gesamte Camp – sassen wir drei Frauen wieder zusammen und Mädchen aus Kanada gesellten sich auch noch zu uns. Die Schweden waren gerade erst aufgestanden und schauten nicht gerade vital aus der Wäsche! Da schreckte das Äffchen plötzlich auf, schrie in hohem kreischenden Ton, wie Affen das so tun, wenn sie aufgeregt sind oder Angst haben, und rannte gleich in die Arme seines „Vaters", Phil. Dann hörten wir laute Menschenschreie und sahen einen unserer jungen Männer in unsere Richtung rennen. Wir konnten ihn kaum beruhigen, er zitterte am ganzen Körper, seine Augen waren wild vor Furcht.

Erst nach einer ganz langen Weile begann er sich zu beruhigen und erzählte:

„Ich war mit meinem Fahrrad auf dem Rückweg vom Markt. Aus heiterem Himmel war sie da, ihr Kopf aufgerichtet, und zischte mich an. Sie war nicht mehr als zwei Meter von mir entfernt und ich bin beinahe vom Fahrrad gefallen. Ich machte abrupt vor ihr Halt und starrte sie an. Es war, als ob sie mich hypnotisierte, ich konnte mich vor Angst nicht bewegen. Ihr Kopf war in der Höhe meines Oberschenkels und sie züngelte herum, ihren Kopf wiegte sie hin und her. Ich sah, wie in Zeitlupe, dass sie zum Angriff ansetzte. Obwohl alles so schnell ging, nahm ich jede Bewegung bewusst wahr. Sie biss zu – und ich wartete auf den Schmerz und sah den Tod vor Augen, doch da war kein Schmerz! Ich warf einen Blick auf die Schlange – ihr Biss hatte das Fahrradgestell erfasst, gleich neben meinem Bein! Ich wusste, dass ich nun reagieren musste, bevor sie merkte, dass es da nichts zum Reinspritzen gab. Ich sprang vom Fahrrad ab und begann zu rennen, ohne zurückzuschauen."

Er hatte riesiges Glück, ein Biss von einer Kobra bedeutet Lebensgefahr, vor allem wenn nicht sofort Hilfe da ist. Wir wussten ja nicht, dass Phil für solche Fälle gewappnet war und immer die Gegenmittel für Kobras und andere Giftschlangen in seinem Haus hatte und auch wusste, was zu tun war bei einem Schlangenbiss. Phil erklärte uns, dass Schlangen normalerweise nicht angreifen würden. Diese habe sich vermutlich neben dem Weg gesonnt und sei von dem rasch sich nähernden Fahrrad aufgeschreckt worden, zu spät, um noch rechtzeitig wegzukommen – es sei ihr nur die Lähmung des „Angreifers" geblieben, um danach fliehen zu können. Von nun an hatten wir alle etwas Angst und schauten uns nochmal so vorsichtig in unseren Hütten oder auf den Gehwegen um. Doch diese Angst provozierte vermutlich ein nächstes Erlebnis zwei Tage später.

Ein lauter, hysterischer Schrei einer Frau weckte mich frühmorgens. Ich und auch andere rannten in die Richtung, wo der Schrei herkam. Die junge Frau war völlig ausser sich und zeigte bei der Toilette mit ihrem Finger nach oben. Alle blickten hoch und sahen gerade noch, wie sich eine grüne, etwa eineinhalb Meter lange, dünne Schlange aus dem Staub machte. Sie musste oben auf dem Türrahmen geschlafen haben und das Mädchen hatte erst in der Toilette nach oben geschaut.

„Ich sass auf dem Klo und hörte etwas über mir. Wie ich nach oben schaue, sehe ich diese Schlange! Was sollte ich tun? Ruhig dort sitzen bleiben? Würde sie wegkriechen oder würde sie auf mich runterfallen? Ich hatte so eine Panik, dass ich nur wegwollte!"

Eigentlich gilt die Regel, dass man sich nicht bewegen soll, bis das Tier sich entfernt hat, doch was tun, wenn das Tierchen, wie in diesem Fall, oben auf einem dünnen Türrahmen schläft und aufgeweckt wird? Würde es nicht vielleicht runterfallen, auch wenn man sich ruhig verhielte und wer könnte bewegungslos bleiben, wenn sie vor einem läge oder gar auf den Schoss fiele? Horror! Deshalb ist der erste Ratschlag wohl der beste: Bevor man irgendwohin geht, macht man erst mal viel Lärm und sieht sich auch vorsichtig um. Schlangen müssen die Möglichkeit haben, abzuhauen.

Seit meiner Kindheit leide ich unter einer Schlangenphobie, obwohl es diese Tiere in meiner Heimat kaum gibt. Im Zoo halte ich mich von den Schlangengemächern fern, denn Panik ergreift mich, sobald ich eine Schlange sehe, auch wenn sie hinter dem Glas liegt. Ich hatte auch oft Schlangenträume, wachte völlig verschwitzt, mit rasendem Herzen auf. Meist fiel ich in ein Loch, wo Tausende von Schlangen über mich herfielen. Als junges Mädchen hatte ich mal einen Film gesehen, wo so etwas geschah, und diese Szene habe ich nie mehr vergessen!

Und ein Mal hatte ich eine lebendige Begebenheit mit einer Schlange, in Australien. Damals lief ich mit einer Gruppe auf einem ganz schmalen Weg einen Hügel hoch, der im Wald lag. Kurz zuvor hatten wir eine Krokodilfarm besichtigt, wo auch Schlangen vorgeführt wurden, was bereits meine panische Angst vor diesen Tieren schürte. Ein paar Schritte vor mir lief ein Mädchen, als ich innert einer Blitzsekunde eine schlängelnde Bewegung gleich neben meinem rechten Fuss wahrnahm. Ich hatte keine Möglichkeit, etwas zu tun, da geschah etwas ganz Eigenartiges: die Schlange wand sich wie um sich selbst, biss nicht zu, sondern schlängelte rasant davon. Obwohl mein Ex-Mann gleich hinter mir war, hatte er diese Szene gar nicht mitbekommen. Ich war total schockiert und niemand glaubte mir! – Na, genug nun von Schlangen!

Ich hätte hier noch länger bleiben können, doch seit wir uns entschieden hatten, ins Meditationslager zu gehen, mussten wir uns auf unsere Abreise vorbereiten. In der Nacht vor unserer Abreise weckte mich ein schrecklicher Schmerz in meinem kleinen, rechten Finger. Der Schmerz wurde immer stärker. Mit der Taschenlampe suchte ich mein Netz ab und sah einen fünf bis sechs Zentimeter langen Skorpion an meinem Mückennetz hängen. Irgendwie musste ich meinen Finger gegen das Netz gehalten haben, sodass er mich stechen konnte. Den Schmerz werde ich nie vergessen. Jeder, der einmal von einem Skorpion gebissen wurde, weiss, wie schmerzhaft so ein Biss ist. Mir wurde heiss und kalt und ich atmete sehr rasch, wohl erst mal nicht wegen dem Gift, aber weil ich Panik hatte. Da es ein relativ kleiner Skorpion war für thailändische Verhältnisse, konnte sein Gift mich nicht umbringen, doch der Schmerz wurde immer unerträglicher, mein Herz pochte wie wild. Was sollte ich tun? Ich wollte niemanden aufwecken und eine innere Stimme erklärte mir, ruhig zu werden, tief durchzuatmen und zu versuchen, die Schmerzgedanken abzustellen. Einfacher gesagt als getan! Mir war klar, dass ein Biss starke Schwellungen hervorrufen konnte. So einen heftigen Schmerz nur mittels Gedankenkraft „wegzuzaubern", schien völlig unmöglich, doch wollte ich den Versuch nicht unterlassen und Schmerzmittel erst dann nehmen, wenn es wirklich sein musste. Ich kann nicht genau sagen, wann der Schmerz vorbei war, weil ich nach langer Zeit tatsächlich eingeschlafen bin. Am Morgen schaute ich die Einstichstelle an und sah keinerlei Schwellung. Das war fast unmöglich, doch wahr! Und wieder einmal war ich fasziniert, wie der Geist den Körper beherrschen kann.

Ich hatte schon einmal ein Erlebnis, wie ich mit purer Geistes- und Willenskraft etwas in den Griff bekommen hatte. Es lag in meiner Internatszeit, als ich gerade dreizehn Jahre alt war. Damals hatte ich hohes Fieber wegen einer Grippe und die Nonnen wollten mich am freien Wochenende, das wir nur alle vier Wochen hatten, nicht nach Hause lassen. Der Gedanke, das ganze Wochenende allein mit den Nonnen zu verbringen und nicht meine geliebte Familie sehen zu können, löste in mir Kampfgeist aus.

Ich war ans Bett gebunden und eine meiner Lieblingsnonnen, sie war meine Französischlehrerin, schaute nach mir. Sie setzte sich auf mein Bett und öffnete eine Dose Vicks, um mir meinen Rücken einzureiben. Als ich mich umdrehte, begann sie meine Brust einzureiben, fuhr sanft über meine Brüste, etwas. was meine Mutter nie tat, und ich fragte mich, wofür das gut sein sollte. Doch aus Angst sagte ich nichts. Für einen kurzen Moment sah ich in ihren Augen Lust, doch erschrak sie selbst so sehr über ihre Tat, dass sie sofort von mir abliess und aus dem Zimmer rannte!

Ich wollte auf keinen Fall als einzige Schülerin dortbleiben. Es war Freitagmorgen und mir wurde gesagt, ich dürfe nicht nach Hause, wenn das Fieber bis am Abend nicht unten sei. Die Chance war sehr gering und niemand glaubte, dass es mir besser gehen würde. Doch mein Wille sollte mir einen kleinen Einblick in die Wunder unserer geistigen Fähigkeiten zeigen, denn bereits am Nachmittag war ich fieberfrei und Grippensymptome kaum mehr vorhanden. Keiner konnte es verstehen und ich war natürlich heilfroh, dass ich nach Hause konnte. Wir hatten nie über diesen Vorfall geredet und ich habe diese Geschichte auch keinem Menschen anvertraut, bis zur Arbeit an diesem Buch.

Chayia – Wat Suanmok,
ein einmaliges Meditationszentrum

Der Abschied von Phil und seiner Frau fiel schwer. Ich hatte mich sehr wohl gefühlt bei ihnen, doch konnte ich ja nicht für immer in der Einsamkeit leben, musste meinen Weg weitergehen. Nach einer etwa zweistündigen Busfahrt erreichten wir die Stadt Chayia. Wir erkundigten uns nach dem Weg zum Meditationscamp Wat Suanmok und wurden informiert, welcher Bus dorthin fuhr. Wat Suanmok war nur etwa zwanzig Minuten von der Stadt entfernt und lag völlig abgeschieden inmitten eines Waldes. Der Hauptzugang war gesäumt von wunderschönen Gärten, die sich über das gesamte Gebiet erstreckten, und es herrschte eine hypnotische Stille. Als wir den kleinen Vorplatz des Klosters erreichten, hatten sich bereits andere Ausländer eingefunden und schockiert stellten wir fest, dass das Meditationscamp jeweils nur die ersten zehn Tage jedes Monats durchgeführt wird. Wir waren einen Tag vor Beginn da – purer Zufall oder vielleicht Schicksal? Doch gab es noch Platz für uns drei? Ich zweifelte überhaupt nicht daran, obschon dieser Ort bei Ausländern sehr begehrt zu sein schien. Wir mussten bis zum Nachmittag warten und setzten uns an einen riesig langen Holztisch. Junge buddhistische Priester reichten uns etwas Wasser zum Trinken. Wir durften bleiben! Kurz danach erreichten noch andere Reisende das Camp, doch diese wurden aus Platzgründen abgewiesen. Da kann man wohl sagen: am richtigen Platz zum richtigen Zeitpunkt!

Ein paar Frauen, die sich offenbar schon länger hier befanden, führten uns in die Unterkunft. Männer und Frauen waren voneinander getrennt. Ein grosser Saal mit etwa dreissig Pritschen (anders konnte man die Schlafgelegenheiten nicht bezeichnen!), mit Mückennetzen voller Knoten, um die vielen Löcher zu stopfen, und Deckenfans, die gefährlich locker drehten, gab uns nicht gerade ein sicheres Gefühl. Die Waschräume und Toiletten lagen etwas abseits und wir wurden eingewiesen, wie wir uns zu waschen hatten! Ja, das klingt vielleicht eigenartig, doch muss dies effektiv erlernt werden. Dabei ist es von grossem Vorteil, wenn man zwei Sarongs bei sich hat. Sarongs sind aus leichtem, knitterfreiem Material und trocknen leicht. Ein riesiges Becken mit frischem Wasser dominierte den kleinen, sauberen betonierten Raum. Aufgestapelte Plastikschüsseln standen auf dem Sims. Jede nahm sich eine Schüssel, füllte diese mit Wasser und schüttete es über sich. Dann nahm man die Seife (keine Flüssigseife, sondern Kernseife oder eine, die nicht zu sehr schäumt) und seifte sich mit dem Sarong ein. Anfänglich war das etwas gewöhnungsbedürftig und wir Anfängerinnen sahen sehr unbeholfen aus, doch wir lernten die Technik beim Zuschauen und schon bald hatte jede den Trick raus. Danach nahm man einfach wieder die mit Wasser gefüllte Schüssel und wusch so lange, bis keine Seifenrückstände mehr vorhanden waren. Dann konnte man auf raffinierte Weise den trockenen Sarong um sich wickeln, ohne sich zu entblössen (lernt man!) und der nasse wurde aufgehängt und trocknete schnell. Kein Bedarf für eine Wäscherei, die gab es dort nämlich nicht!

Wir erfuhren, dass der Ort, wo wir uns gerade befanden, nur als Auffangstelle diente und eigentlich die Unterkunft und Gebetsstelle der Mönche war. Wir sollten nur für eine Nacht dort bleiben. Das Meditationscamp lag ein paar Kilometer entfernt. Alle mussten sich einschreiben und einen minimalen Preis für die zehn Tage, inklusive Mahlzeiten, bezahlen. Da das Abendessen erst in ein paar Stunden angesagt war, wollten wir noch etwas von unserer Umgebung kennenlernen. Die wunderschönen Gärten mit hohen Bäumen waren mit viel Liebe und Sorgfalt angelegt. Beim Ausgang sprachen uns drei junge Mönche an. Sie waren sehr interessiert, mehr von uns Ausländern zu erfahren und wir drei dachten uns nicht viel dabei, denn sie waren ja vertrauenswürdig als Mönche! Sie offerierten uns, die Gegend etwas zu zeigen, und wir akzeptierten. Sie hatten einen Jeep und fuhren an einen langen, weissen Sandstrand, keine Menschen weit und breit. Kaum ausgestiegen, entpuppten sich die jungen Mönche als wirkliche Novizen, die ihre Gelübde offenbar noch nicht abgelegt hatten und noch sehr stark ihren Trieben ausgeliefert waren. Später erfuhren wir, dass fast jede Familie ein Kind für drei Monate zu den Mönchen schickt – eine Art Armeedienst, um Disziplin und Respekt zu erlernen und die Lehren von Buddha zu studieren. Diese werden dann keine Mönche.

Sie stellten sich vor Ruth und Anita, ich wurde lustigerweise ignoriert, und forderten sie auf, sich auszuziehen! Das schien völlig normal für sie zu sein und sie benahmen sich wie kleine Jungs, tuschelten untereinander und waren nervös. Ruth und Anita schauten die jungen Mönche entgeistert an und ich spürte Angst in ihnen aufsteigen. Ich schaute mich um – wirklich keine Menschenseele weit und breit zu sehen und gleich neben der Strasse ein dichter Wald. Mir war voll und ganz bewusst, dass wir keine Angst zeigen durften und sehr diplomatisch handeln mussten, um uns aus dieser vielleicht brenzligen Situation herauszubringen. Die Novizen warteten ungeduldig, Anita und Ruth schauten verängstigt zu mir und ich musste handeln: Mit fester aber ruhiger Stimme erklärte ich ihnen, dass sie die falschen Mädchen mitgenommen hätten. „Wo wir herkommen, tut man solche Dinge nicht. Es wäre eine schwere Verletzung unserer Ehre. Bringt uns zurück, wir werden das Ganze vergessen und es Euren Vorgesetzten nicht melden. Euer Glauben erlaubt keine Gewalt und Ihr respektiert Frauen

70

wie keine andere Religion, respektiert also unsere Entscheidung." Erstaunt starrten sie mich an, aus den kleinen Gigolos wurden plötzlich unsichere Jungs.

Ich war froh um meine jugendliche Wissbegierde über die asiatische Kultur. Mein Zimmer hing voll mit chinesischen Lampen und Zeichen, die ich auch nachzuzeichnen versuchte. Als ich ein Baby war, fragte der Arzt meine Mutter, woher sie mich hätte, denn meine Augen waren nur Schlitze. Auch noch in meiner Jugendzeit sprachen mich oft Asiaten an, da ich irgendwie mit meinen Mandelaugen (die heute nicht mehr so ausdrucksstark sind) asiatisch aussah. Da ich schon immer an die Wiedergeburt glaubte, nahm ich an, dass diese starke Neigung aus einem meiner vorherigen Leben kommen musste. Ich wollte sogar nur einen Japaner heiraten in meiner jugendlichen Verträumtheit. Erst als mein Vater sagte: „Dann musst Du ihm jeden Tag die Füsse waschen", war ich geheilt!

Ich hoffte nun, dass ich diese drei überzeugen konnte, uns in Ruhe zu lassen. Sie verbeugten sich vor mir und entschuldigten sich. Offenbar wurde ich als die Älteste angesehen und respektiert – Gott sei Dank! Auf der ganzen Rückfahrt waren sie ruhig und schienen beschämt. Sie schauten mir nicht in die Augen und Anita und Ruth waren schlau genug, kein Wort zu sagen. Waren wir heilfroh, als der Jeep wieder vor dem Portal stand! Die drei Novizen sahen wir danach nicht mehr und wir behielten diese Begebenheit für uns. Wir wollten ihnen keine Schwierigkeiten machen. Offensichtlich machten gewisse junge Mädchen ihnen leichtes Spiel, sonst hätten sie nie eine solche Forderung ausgesprochen. Ich bin mit einer gewissen Moralvorstellung aufgewachsen, die alle meine Freundinnen auch hatten, deshalb war für mich neu und unverständlich, wie sich junge Mädchen aus anderen Ländern hier offenbar verhielten.

Die Nacht war sehr heiss mit einer unangenehmen Luftfeuchtigkeit. Ich starrte immer wieder auf die Ventilatoren, die so aussahen, als ob sie jeden Moment von der Decke runterfallen könnten, und meine Phantasie rannte mit mir durch, in der Vorstellung, was geschehen würde, wenn so ein Ding rotierend herunterfiele: Würden Köpfe fallen? Mir wurde halb schlecht bei dem Gedanken, was sicherlich nicht half, noch irgendwie zu Schlaf zu kommen. Irgendwann schlief ich dann aber doch noch ein, um kurz darauf, noch war es Nacht, von einem dumpfen Brummen geweckt zu werden.

Die Uhr zeigte vier Uhr früh an. Im Saal wurde es unruhig, viele standen auf und begaben sich nach draussen. Das machte mich nun doch sehr neugierig und ich folgte ihnen. Einige gaben Zeichen, dass wir nicht sprechen dürften. Das Brummen wurde intensiver und ich sah unzählige weisse Kerzenlichter, die rund um einen kleinen Hof flackerten. In diesem Hof sassen etwa dreissig Mönche in ihren leuchtenden, orangefarbenen Gewändern im Lotossitz. Es verging eine ganze Weile, bis ich realisierte, dass der dumpfe Ton von den Mönchen kam, die ihre Morgengebete (Chanting) sangen, was sich für uns wie ein Brummen anhörte.

Ich kannte die Gesänge aus der Schweiz, weil viele Exiltibeter dort leben. Es gibt sogar ein ganzes Dorf, das ihnen gewidmet ist, mit einem Tempel, der auch regelmässig vom Dalai Lama besucht wird. Ich arbeitete mit zwei tibetanischen Krankenschwestern im Krankenhaus und lernte ein paar wenige ihrer Traditionen kennen. Ich war immer schon fasziniert von diesen dumpfen Tönen, die für westliche Ohren wie aus einer anderen Welt sind.

Wir standen hinten und wagten kaum zu atmen. Die Atmosphäre zusammen mit dem Effekt des Kerzenlichts war unbeschreiblich. Es fühlte sich an, als ob die Welt umhüllt wäre von dieser Harmonie und diesem tiefen Frieden. Mein Körper schien die Schwingungen dieser tiefen Töne völlig in sich aufzunehmen, ich fühlte mich eins mit mir selbst und allen, die dort waren.

Die Dunkelheit machte dem Morgen Platz, die Vögel begannen zu zwitschern und blendeten in das Chanting mit ein, bis die Mönche den Vögeln das Feld überliessen, als es hell war. In Stille verschwanden die Mönche und die Zuschauer machten sich zu den Waschräumen und zum Frühstück auf. Um zehn Uhr wurden wir alle versammelt, etwa dreissig Frauen und etwa genauso viele Männer. Ein paar junge Leute, Ausländer, liefen vorne weg, offenbar Freiwillige, die den Mönchen halfen. Wir gingen auf einem kleinen Weg durch den Wald und gelangten an eine Barriere, die von einem Soldaten bewacht wurde, der diese öffnete und uns durchliess. Eigenartig, wie war die Armee in dieses Zentrum verwickelt? Ich war wohl nicht die Einzige, die das wissen wollte. Die junge Führerin erklärte uns, dass das Camp bewacht werde, um die Ausländer zu beschützen. War dies nun beruhigend oder sollte man sich fragen, weshalb man überhaupt in einem Meditationscamp in Gefahr sein könnte? Nach zwanzig Minuten erreichten wir das Camp. Männer und Frauen wurden wieder getrennt, die Männer folgten dem freiwilligen Helfer und wir Frauen der Helferin. Ein übergrosses eisernes Tor, das offenbar nachts geschlossen blieb, war der Eingang zu unseren Unterkünften. Links und rechts lagen die Schlafräume und gegenüber das Badehaus mit den sanitären Anlagen. Zwischen den Gebäuden war eine schöne, sattgrüne Wiese, die offenbar gerade gemäht worden war, denn der wunderbare Geruch von frisch geschnittenem Gras lag noch in der Luft. Jedem wurde ein Zimmer angewiesen, das man wohl eher als Zelle bezeichnen würde, mit einer Tür, die nicht verschlossen werden konnte. Wohl deshalb das grosse Tor am Eingang? Ich wurde in meine Zelle gewiesen, die dritte von links.

Eine erhöhte, betonierte Fläche mit einem Mückennetz darüber und einer Bastmatte sollte mein Schlafplatz für die nächsten zehn Tage werden. Wie würde ich wohl schlafen mit einem Rücken, der mir schon seit Jahren Probleme bereitet hatte? Das kleine Kissen, das ich stets bei mir hatte, sollte mein liebstes Utensil werden! Doch wie schlief es sich wohl ohne einen Fan in dieser Hitze? Die Wände waren hochbetoniert bis auf etwa dreissig Zentimeter unter der Decke, um eine Öffnung für frische Luft zuzulassen. Es gab keinen Stuhl, sondern die erhöhte Betonfläche war gross genug, um Rucksack, Bücher und Kleider dort abzulegen. Gemütlich konnte man das nicht gerade nennen, doch war der Sinn und Zweck dieses Camps, nicht nur für zehn Tage die buddhistische Meditation zu erlernen, sondern auch ohne weltliche Dinge auszukommen, damit der Geist nicht abgelenkt würde. Kameras durften nicht gebraucht werden und damals gab es noch keine digitalen Kameras oder Mobiltelefone (wobei es dort sicherlich auch keine Verbindung gegeben hätte). Die spartanische Einrichtung der Zelle machte mir nichts aus, vielleicht, weil ich mich bereits an dieses einfache Leben gewöhnt hatte.

Ich begrüsste sogar diese Möglichkeit und setzte grosse Hoffnungen in dieses Camp, hatte aber keine genauen Vorstellungen, was mich hier erwarten würde. Wegen meinen Rückenproblemen musste der Schlafsack meine Matratze werden, vermutlich etwas heiss, doch immerhin weicher als auf dem Betonboden liegen zu müssen. Das Waschhaus hatte ein riesiges Wasserbecken (woher das Wasser kam, konnte ich wirklich nicht herausfinden!), die Toiletten lagen etwas abseits und waren nichts anderes als „Plumpsklos" ohne fliessendem Wasser (woher denn auch?) und es gab keinen Strom. Aus diesem Grunde war eine gute Taschenlampe mit Reservebatterien hier lebensnotwendig. Alle Gebäude waren ohne Unterbruch zusammengebaut und somit war der Komplex nur durch das Eingangstor zu erreichen – absolut einbruchsicher!

Zwanzig Minuten später waren wir alle vor dem Eingang versammelt. Die Helferin zeigte zu einer unscheinbaren Stelle mit

Bäumen und Büschen, die nur etwa zehn Meter vor dem Eingang lag.

„Dort ist eine kleine, heisse Quelle, in die Ihr abends vor der Eindunkelung eintauchen dürft. Sie ist hoch schwefelhaltig und viele werden diese Möglichkeit zur Musse lieben." Erstaunt schauten alle in die Richtung, sahen aber wirklich nichts und gingen neugierig nachschauen. Tatsächlich eröffnete sich ein kleiner Teich, aus dem heisser Dampf hochkam, der stark nach Schwefel roch. Schwefel kann bei einigen Hautkrankheiten sehr förderlich sein, weshalb schwefelhaltige Quellen in Heilbädern genutzt werden. Wir konnten uns aber in der Mittagshitze nicht vorstellen, dass wir dieses Angebot annehmen würden.

„Nun zu den Regeln, wie Ihr mit der thailändischen Tierwelt umzugehen habt." Wie bitte? Was sollte das denn nun heissen? Wenn ich eine Spinne sehe, schreie ich zunächst und dann gehe ich (falls mir niemand zu Hilfe kommt) mit dem Insektizidspray auf das Insekt los. Hier gab es aber keine Insektizidsprays, also, welche Regeln?

„Buddhisten sind friedliebende Menschen und respektieren alles Lebende. Sie glauben auch an die Wiedergeburt und dass vielleicht der Geist eines ihrer Vorfahren in einem Tier wiedergeboren ist (Kichern), deshalb bringen Buddhisten Tiere nicht um, sondern respektieren sie. Auf eine Spinne zu treten, ist out!" Na, das fehlte ja gerade noch! Wie sollte ich denn nun eine Spinne aus meinem Zimmer bringen? Die Chance war hier gross, dass sich Kriechtiere in den Zimmern ansiedeln würden. Dass sich auch Schlangen und Skorpione in dieser Einöde verirren könnten, daran wollte ich gar nicht erst erinnert werden!

„Spinnen fegt Ihr einfach nach draussen mit dem Besen, der immer am Eingangstor bereitsteht. Skorpione (da haben wir's!) müsst Ihr mit dieser Tasse einfangen, die auch beim Tor deponiert ist. Vergesst nicht den Deckel aufzulegen, wenn Ihr ihn habt, und bringt ihn abends hierher. Wir haben jeden Abend einen Eimer hier stehen. Dort werft Ihr ihn rein und am Morgen wird jemand die Skorpione etwas weiter weg wieder frei lassen. Falls sich eine Schlange bei Euch einnistet, dürft Ihr Hilfe holen. Ich werde jeden Abend am Tor stehen, falls jemand Hilfe braucht." Gut zu wissen! Wie konnte ich nur meiner starken Phobie begegnen? Ich hoffte einfach, dass sich nie etwas in meiner Zelle befinden würde.

„Nun zum Tagesablauf für die nächsten zehn Tage: Sprechverbot für die gesamten zehn Tage! Das heisst, wo auch immer Ihr Euch befindet! Wenn Ihr erwischt werdet, gibt es keine Warnung, sondern die betreffenden Personen müssen sofort den Komplex verlassen!" Harte Regeln, nicht wahr? Vermutlich gab es aber gute Gründe dafür.

„Um vier Uhr dreissig hört Ihr Glocken läuten. Danach geht es zum Yoga, Entspannungsübungen und Tagesbegrüssung auf der Wiese bis zum Sonnenaufgang. Nach der Morgentoilette kommt Ihr um sieben Uhr dreissig zum Frühstück und gleich danach beginnen dann die Unterweisungen bis zum Mittagessen. Ihr bekommt danach eine Stunde Zeit, in Euren Zimmern auszuruhen und um vierzehn bis sechzehn Uhr geht es dann weiter in der Halle bis zum Abendessen. Kurz vor Sonnenuntergang kann, wer Lust hat, die heisse Quelle benutzen. Und die Nachtregel lautet: Mit der Tierwelt schlafen, also so früh wie möglich, denn es ist ja sowieso dunkel!" Wie hart dieser Tagesablauf werden sollte, würde ich sehr bald am eigenen Leibe erfahren.

„Die meisten Buddhisten sind Vegetarier, Mönche aber auf alle Fälle. Deshalb wird es in den nächsten zehn Tagen nur vegane Kost geben. Das kann für Fleischesser etwas schwierig werden, denn sie leiden durch die vermehrte Einnahme von Faserstoffen in den ersten Tagen oft unter Blähungen und Konstipation. Während den Mahlzeiten herrscht absolute Schweigepflicht und wir sitzen alle auf dem

Boden wie die Mönche. Die Mönche bestimmen den Zeitpunkt, wann die Esszeremonie fertig ist. Erst dann dürft Ihr aufstehen. Wenn Mahlzeiten in Stille eingenommen werden, konzentrieren wir uns automatisch auf das Essen. Wenn wir uns auf unser Essen konzentrieren, kauen wir besser, essen langsamer und verspüren unser Sättigungsgefühl frühzeitig, bevor man zuviel isst. Unsere Magensäfte werden dadurch besser angeregt und wir verdauen das Essen optimal. Diese Regeln haben also seinen guten Grund." Hatte ich diese Worte nicht schon als Kind von meiner Mutter gehört?

Kurz vor Mittag folgten wir der Leiterin auf einem kleinen Weg (selbstverständlich in Stille) zur Meditationshalle, die etwa fünf Minuten von den Schlafräumen entfernt lag. Die Halle war gross, hell und es hatte angenehmen, kühlen Durchzug. Frauen mussten auf der rechten Seite, Männer auf der linken Platz nehmen. Es gab Kissen, falls man den harten Boden nicht mochte, und ganz hinten waren sogar ein paar Stühle für diejenigen, die nicht auf dem Boden sitzen konnten. Als Jugendliche hatte ich einige Skiunfälle, die meine Knie in Mitleidenschaft gezogen haben. Ich nahm also ganz hinten Platz, denn ich war nie sehr gelenkig und so lange im Schneidersitz zu verbleiben, war ein Ding der Unmöglichkeit. Zudem war ich gewohnt, mit dem Rücken anlehnen zu können, und ich wollte nicht alle stören, wenn ich meine Position ständig verändern musste. Zunächst wollte ich aber mutig sein und setzte mich doch im Schneidersitz auf ein weiches Kissen.

Ein weise aussehender alter Mönch mit gütigen Augen verbeugte sich mit gefalteten Händen vor uns und nahm vorne im Lotossitz Platz. Ich schaute mich um und sah schon einige, die offenbar diesen Sitz beherrschten. Wie ich sie beneidete! Der Mönch begann zunächst mit generellen Erklärungen:

„Ihr fragt Euch bestimmt, weshalb wir Männer und Frauen trennen. Altmodisch? Nein, das hat seinen guten Grund, denn Ihr seid hier, um die buddhistische Meditation zu erlernen. Da es nun eben normal ist, dass der Blick oft zum anderen Geschlecht wandert, lenkt dies aber von der meditativen Konzentration ab. In den folgenden zehn Tagen werdet Ihr verschiedene Arten von Meditation erlernen. Es gibt Leute, die besser meditieren, wenn sie langsam gehen, und andere wiederum, wenn sie in der Stille im Lotossitz sitzen." Eine Gehmeditation? Als ich füher Meditation erlernt hatte, war das in einem dunklen, fensterlosen Raum, der mich bedrückte – vielleicht deshalb die dunklen Eingebungen. Wenn ich aber am Meer entlang lief, fühlte ich mich stets sehr „meditativ" und sass danach oft auf einen Stein und schaute gen Horizont. Was bedeutet überhaupt das Wort Meditation? Ich würde Meditation als ein Sein bezeichnen, ohne sich auf Gedanken zu konzentrieren. Das Sein gibt uns ein Gefühl der inneren Stille, der Sicherheit und des Einsseins mit allem.

„Während den zehn Tagen wird kein Wort geredet. Da sind wir sehr streng, was einen guten Grund hat. Seht, wenn Ihr beginnt mit anderen zu reden, was oft geschieht während dem Meditationsspaziergang, da wir nicht alle kontrollieren können, oder in den Schlafräumen, fällt Ihr schlicht aus der Stille und Euer Kopf übernimmt. Wenn Ihr zehn Tage lang nicht sprecht, ist das zwar nicht einfach, doch versetzt Euch diese Stille in eine tiefe Meditation. Meditation heisst nicht, dass man die Augen geschlossen hat, im Gegenteil, sie sind meist offen, vor allem je fortgeschrittener der Meditierende ist. Ihr seid völlig bei Bewusstsein, doch seid Ihr auch nur bei Euch selbst, unabgelenkt von äusseren Einflüssen. Viele haben in den zehn Tagen einschneidende spirituelle Erlebnisse. Jeder hat die Chance, in eine höhere Bewusstseinebene einzutreten, wenn auch nur für eine kurze Zeit, denn es braucht regelmässige Übung."

„Wir Buddhisten respektieren alles Leben, deshalb sind wir auch Vegetarier oder für Euch sogar Veganer, da wir keine Kuhmilchprodukte zu uns nehmen." Ich hatte herausgefunden, dass es eine östliche Tradition war, Gelehrte und Geistige fleischlos zu ernähren, hingegen erhielten Arbeiter Fleisch. Der Grund liegt darin, dass Arbeiter körperliche Arbeit verrichten, sozusagen das „Fussvolk" sind und ihre „Energien" dichter sind. Hingegen brauchen die Geistigen eine gewisse Leichtigkeit, um in höhere Sphären gelangen zu können, und Tierprodukte würden ihre Schwingungen verlangsamen. Ich hatte das schon oft von Heilern und anderen spirituellen Menschen gehört. Manchmal haben sie das Gefühl, sich „erden" zu müssen, und trinken dann einfach Kaffee (wie der berühmte Magus von Strovolos aus Zypern) oder nehmen andere Lebensmittel zu sich, die ihre Energien langsamer schwingen lassen.

„Wir glauben an die körperliche Wiedergeburt und dass wir durch alle Lebensformen gehen müssen. Deshalb respektieren wir auch die kleinsten Tiere, wie Ameisen, denn eine davon könnte ja meine Grossmutter sein!" Alles lachte im Saal, seine Augen waren lebendig und funkelnd und er lachte mit uns mit. Dann forderte er uns auf, tiefe Atemzüge zu nehmen und zu schauen, ob wir es bis in die untersten Lungenspitzen schafften. Wir hielten unsere Hände auf dem Bauch, um zu erfahren, ob sich unsere Hand heben würde. Wir nahmen tiefe Atemzüge und auch oberflächliche, um die Atmungsvorgänge besser kennenlernen zu können. Ich hatte meine Probleme dabei.

„So, nun ist es aber Zeit für unser Mittagessen. Wir sehen uns heute Nachmittag wieder und ich werde Euch weiterhin in der Atemtechnik unterweisen und ein paar Dinge über Buddhismus erzählen." Meine Knie machten sich bereits bemerkbar und ich war heilfroh, endlich aufstehen zu können.

Hungrig machten sich alle zum „Esssaal" auf, einer grossen Halle mit einem Dach aber ohne Aussenwände. Die Mönche sassen bereits dort in einer Linie und wurden von Helfern bedient. Wir setzten uns ihnen gegenüber, wieder Männer und Frauen voneinander getrennt. Vier riesige Kessel standen zwischen uns und den Mönchen. Die Vorderen durften sich zuerst bedienen. Ich sass in der Mitte, musste aber nicht lange warten, denn das System war sehr effektiv. Man brauchte sich ja auch nicht zu entscheiden, was man essen wollte, sondern nahm von jedem Kessel etwas. Es gab weissen Basmatireis, gemischtes Gemüse in einer gelben Sauce, frische Früchte und eine braune Flüssigkeit, nicht unbedingt appetitlich aussehend, aber interessant riechend. Als wir uns alle bedient hatten, segneten die Mönche unsere Mahlzeit und dann wurde in Stille langsam gegessen. Ich war ja etwas skeptisch, denn ich war immer noch eine Fleischesserin, mochte gekochtes Gemüse nicht unbedingt und schon gar keine Früchte. Wasser hingegen liebte ich immer, doch davon gab es keines! Ich musste also mit der braunen Flüssigkeit vorlieb nehmen. Ich war völlig überrascht, wie gut das Essen schmeckte. Das Gemüse war einfach köstlich, leicht süsslich und scharf gewürzt. Ich konnte die Gemüsearten nicht ausfindig machen, nur dass die Sauce Kokosnussmilch enthielt und Chili ein Hauptgewürz war. Das braune Getränk stellte sich als absolut köstlich heraus, trotz der unappetitlichen Farbe, es schmeckte auch nach Kokosmilch. Wir durften mehrere Male Essen holen, wenn wir noch hungrig waren. Als alle fertig waren, standen die Mönche auf und verliessen den Raum. Danach durften wir auch gehen und erhielten eine Stunde Ruhe, die wir in unseren Zellen verbringen mussten.

Am Nachmittag fanden wir uns wieder zu einer weiteren Unterweisung in der Halle ein. Wir übten immer noch die verschiedenen Atemtechniken, von schnellen, oberflächlichen Atemzügen bis hin zu tiefen, in die untersten Lungenspitzen reichend. Auch der Bauch wurde einbezogen. Die Atmung vieler Menschen ist zu oberflächlich und dabei ist eine gute und tiefe Atmung so wichtig. Wenn ich versuchte, einen vollen Lungenzug zu nehmen, wurde mir zuerst schwindlig und dann ging mir der Atem aus! Wir wurden angewiesen, mit dem inneren Auge zu sehen, wie die eingeatmete Luft via Nase in die Trachea und weiter in die Lunge trat. Das war nicht einfach. Die kerzengerade Haltung im Schneidersitz liess mich unruhig werden. Ständig musste ich meine Stellung verändern, meine Knie schmerzten und der Rücken wurde müde, doch wollte ich nicht schon jetzt aufgeben. Konnte es sein, dass nur ich diese Probleme hatte oder wollte sich einfach keiner die Blösse geben, dass diese Stellung eine Tortur für uns Westliche war?

Als ob er meine Gedanken gelesen hätte: „Wer jetzt Rückenschmerzen hat oder wem die Knie oder das Hinterteil weh tun, darf sich ohne weiteres auf einen Stuhl setzen oder seine Beine für eine Weile ausstrecken. Wenn man an eine solche Haltung nicht gewohnt ist, kann es sehr schwierig sein, durchzuhalten." Er schmunzelte und seine Augen blitzten lausbübisch.

„Doch weshalb versuchen wir, im Lotossitz zu verbleiben? Weil wir keine Stühle haben? Und weshalb reicht denn der Schneidersitz nicht aus? Nun, im Lotossitz hat unsere Wirbelsäule die optimale Haltung, sie ist kerzengerade. Durch unsere Wirbelsäule gehen Energieströme, die unsere Organe mit Nährstoffen und Sauerstoff versorgen. Dies kann sehr wichtig für unser allgemeines Wohlbefinden sein. Diese Energien und ihre Zentren (Chakras) müssen frei von Blockaden sein. Wenn Erleuchtung geschieht, wird eine enorme Energie freigesetzt, die Betroffene oft als einen warmen, die Wirbelsäule hochsteigenden Strom verspüren. Zudem ist diese Sitzstellung, wenn man sie beherrscht, die bequemste für uns Menschen. Der Rücken kann sich selbst halten und wir werden nicht mehr müde, die Kniegelenke und die Beinmuskulatur werden gedehnt, was vermehrte Flexibilität bringt. Also, probiert es immer wieder, Ihr werdet dafür belohnt werden. Doch schämt Euch nicht, zwischendurch auf einem Stuhl zu sitzen oder eine andere Stellung einzunehmen." Das war gut für mein schlechtes Gewissen. Ich war nicht die Einzige, die nun aufstand und sich einen Stuhl nahm. Die Füsse mussten aber den Boden berühren, um „geerdet" zu bleiben.

Ziemlich müde durch das ganze Atemtraining wurden wir schliesslich zum Abendessen entlassen. Es war wieder dieselbe Mahlzeit und das gleich Getränk – ein willkommener Genuss und ich nahm mir gleich ein paar Mal davon.

Auf dem Weg zu den „Schlafgemächern" wies die Helferin wieder auf die Quelle hin. Mein Körper schmerzte überall, ich war müde und wollte nur noch ins „Bett" fallen. Der frühe Abend brachte einen kühlen Luftzug, so unüblich für diese tropische Gegend. Nun, vielleicht war das doch keine so schlechte Idee? Auch wenn die Quelle heiss war, etwas Entspannung wäre gut für meine Gelenke, also wechselte ich in meinen Badeanzug, knotete den Sarong um meinen Körper und machte mich zur Quelle auf mit ein paar anderen Frauen. Der starke Schwefelgeruch stieg sogleich in meine Nase. Grosse Steine bildeten eine Art Treppe und lagen an den Seiten der Quelle, auf denen wir bequem sitzen konnten. Das Wasser reichte einem bis zum Hals. Geredet werden durfte nicht und somit war jede für sich. Das heisse, schwefelige Wasser in der Ambiance dieses Ortes entspannte meinen Körper sogleich; meine steifen Gelenke fühlten sich weicher an, mein Körper empfand eine wohlige Wärme und Müdigkeit. Rundherum hatte es Bäume und Büsche, ein Paradies für gefährliche Kriechtiere, doch irgendwie war das völlig unwichtig. Vielleicht hielt der schwefelige Geruch diese Tiere fern. Nach zwanzig Minuten überfiel mich eine bleierne Schwere und ich machte mich auf zu meinem „Schlafgemach".

Ich hatte keine Lust mehr, den ganzen Weg runter zum Waschhaus zu gehen, nur um mir meine Zähne zu putzen, das konnte ja morgen nachgeholt werden. Nur flüchtig schaute ich mich mit meiner Taschenlampe nach Kriechtieren um, sah keines und war sehr froh darüber, denn ich wollte nur noch meinen Körper ausstrecken und schlafen. Ich schlief sogleich ein.

Es war noch dunkel, als mich am zweiten Tag dumpfe Glockenklänge aus dem Tiefschlaf rissen. Für einen Augenblick wusste ich nicht, wo ich war. Mein Rücken fühlte sich steif an. Es war noch alles ruhig draussen. Mit meiner Taschenlampe zog ich den Sportanzug an, es war relativ kühl und ich setzte mich zu den anderen auf die Wiese – barfuss wie alle. Eine kühle Nässe prickelte an meinen Fussohlen, das Gras war taufrisch, was man in dieser tropischen Gegend nicht erwarten würde. Überall brannten Kerzen, die Atmosphäre war still und enigmatisch. Die Helferin war zugleich die Yogalehrerin. Sue wies uns an, die Übungen nur soweit auszuführen, als es uns nicht schmerze. Unsere Körper waren gen Osten gerichtet, was genau die Absicht war, denn der Morgengruss wurde in Richtung des Sonnenaufgangs ausgeführt. Diese Übung, die so oft ausgeführt werden kann, wie man es schafft, weckt den Körper und bringt einen ganz schön ausser Atem. Die Yogaübungen führte ich relativ einfach durch, ohne müde zu werden. Für eine untrainierte Frau nicht schlecht! Vögel begannen zu zwitschern und am Horizont wurde es heller, ein wunderbares Licht füllte den gesamten Himmel. Auf einen Schlag war es hell, die Sonne versteckte sich aber noch hinter dem Waschhaus. Der Abschluss der Übungen machte die Totenstellung, sehr entspannend.

Nach unserer Morgentoilette und dem Frühstück trafen wir uns wieder in der Meditationshalle ein für weitere Atemübungen. Doch hatte ich an dem Tag wirklich mühe mit der Atmung. Sobald ich mich auf sie konzentrierte, kam ich ausser Atem und musste aufhören. Natürlich war auch nicht hilfreich, dass mein Rücken rasch ermüdete im Schneidersitz, meine Knie schmerzten und mein Allerwertester sich taub anfühlte. Auch mehrere Kissen, die ich unter meinem Po platzierte, nützten nichts. Ich wollte vermeiden, einen Stuhl nehmen zu müssen. Alle andern sassen ja entweder im Lotos- oder Schneidersitz! Diese Atemübungen waren nichts für mich und ich war froh, als es zur Gehmeditation ging. Mit steifen Gliedern versuchte ich aufzustehen – was für eine Qual! Ich versuchte mir nichts anmerken zu lassen und fragte mich, ob ich die Einzige war, die Probleme hatte. Dankbar begrüsste ich die Sonne, ein tiefer Atemzug brachte wieder Energie in meinen gepeinigten Körper und ich freute mich schon jetzt auf das abendliche Schwefelbad. Bei der Gehmeditation durfte man nur kleine und langsame Schritte nehmen, stets mit Blick nach unten, um kleine Kriechtiere wie Ameisen umgehen zu können. Dass eine Ameise die Wiedergeburt meiner Grossmutter sein könnte, war nicht gerade einfach zu verstehen. Dennoch, mich über diesen Glauben lustig zu machen, liegt nicht in meiner Natur, denn der Buddhismus respektiert alle Religionen und alle Menschen.

Ich erkannte schon früh, dass wir Menschen noch in den Kinderschuhen des Verstehens stehen. Reinkarnation war für mich seit der Kindheit vertraut und ich versuchte Informationen darüber zu erhalten, wo immer es diese gab, was in den siebziger und achtziger Jahren nicht gerade einfach war. Ich konnte mir allerdings nicht vorstellen, dass die Menschen als Tiere wiedergeboren würden. Für mich hatte der Mensch die Evolution als Mensch angetreten, obschon für mich die Möglichkeit bestand, dass das menschliche Bewusstsein vor seiner Verkörperung tatsächlich in Tieren und Pflanzen war und es durch diesen Zyklus hindurch musste, um Tiere und Pflanzen „fühlen" und verstehen zu können. Dies ist einfach ausgedrückt, ist aber wohl sehr viel komplexer, als dass ich es vielleicht je in diesem Leben verstehen könnte. Für mich war dieses Thema schon immer faszinierend, doch mein Vater, der Ähnliches glaubte, es jedoch nie jemandem vermittelte, auch nicht mir, gab mir früh ganz klar zu verstehen, dass ich über dieses Thema mit niemanden sprechen sollte. Er war der Ansicht, die Leute könnten es nicht verstehen und würden sich darüber lustig machen. Deshalb schwieg ich darüber bis zu meinem zwanzigsten Lebensjahr. Dennoch war es immer irgendwie ein Bestandteil meines Lebens, obwohl ich mir dabei keine klaren Vorstellungen machen konnte.

Doch dann kam der Wandel: Als der Vater von einem Freund uns die Türe öffnete (das war in Australien) und ich ihn zum ersten Mal sah, war es wie ein Wiedersehen. Das war verrückt, doch auch er schien mich „wiederzuerkennen". Wie konnte ich so etwas fühlen und auch sicher sein, dass ich diesen Mann kannte, obwohl ich ihn nie zuvor gesehen hatte? Ich bin zwar schon öfters Menschen begegnet, die mir „bekannt" vorkamen, doch bei ihm war es ein klares Aha-Erlebnis. Wir sprachen aber nicht über diesen Vorfall, auch erwähnte ich nichts meinem Freund gegenüber (die Worte meines Vaters klingelten in meinen Ohren!). Eines Tages schauten nur sein Vater und ich einen Dokumentarfilm am Fernsehen an. Die Mutter war in der Küche beschäftigt und mein Freund war bei der Arbeit. Der Film handelte von Wiedergeburt. Leute schworen, dass sie schon einmal gelebt hätten, gaben Geheimnisse an, die niemand wissen konnte. Forscher gingen diesen Geschichten nach und sie konnten nicht ausschliessen, dass die Leute die Wahrheit sagten. Ich wagte es, ihm eine Frage zu stellen: „Glauben Sie an die Wiedergeburt?" „Natürlich!" Daraufhin führten wir ein anregendes Gespräch und zum ersten Mal erhielt ich Antworten auf meine vielen Fragen, denn er schien eine ganze Menge darüber zu wissen. Wie konnte er all diese Dinge wissen? Ich erhielt nie eine andere Möglichkeit, mit ihm zu reden, da meine Beziehung mit meinem Freund abbrach. Erst viele Jahre später erhielt ich einen Brief von ihm, dass sein Vater plötzlich verstorben sei. Ich erfuhr, dass sein Vater zu den Gelehrten des zypriotischen „Magus von Strovolos" namens Daskalos (auf griechisch der Lehrer) gehörte. In Australien, wohin er 1974 mit seiner Familie emigrierte, hatte er seine eigenen Kreise und war spirituell sehr weit fortgeschritten. Seine Aura soll leuchtend weiss gewesen sein, ein Zeichen hoher Spiritualität. Die Familie kam aus einfachen Verhältnissen, doch sie klagten nie, waren sehr gläubig und hatten unwahrscheinlichen Tiefgang. So gerne hätte ich damals mehr von ihm erfahren, doch sollte es wohl nicht sein.

Ich fühlte mich wesentlich wohler bei der Gehmeditation. Es war mir nie vorher bewusst, dass auch ein langsames Gehen eine Art der Meditation ist. Seitlich von mir nahm ich vier Leute wahr, die miteinander tuschelten. Leider war ich nicht die Einzige, die das mitbekam. Ein Mönch machte sich in ihre Richtung auf und redete mit ihnen. Sie erhielten keine Verwarnung, sondern kehrten am Nachmittag nicht zurück.

In den nächsten Tagen empfand ich das Sitzen mit den Atemübungen als Qual. Ich hörte viel lieber den Mönchen bei ihren spirituellen Unterweisungen in das Dharma, die kosmische Ordnung, zu. Vermutlich würde ich nie lernen, die buddhistische Meditation auszuführen, dennoch fühlte ich mich geborgen und ruhig. Das abendliche Schwefelbad blieb das Highlight des Tages. Doch auch das half am Ende nicht mehr, die schrecklichen Rückenschmerzen zu beheben. Obwohl das Sitzen auf dem Stuhl eine Erleichterung war, wurde das Schlafen auf der Pritsche zur nächtlichen Qual. Meine Glieder wurden zunehmend steifer. Am Morgen war ich so müde, dass ich es kaum mehr schaffte, mich für die Yogaübungen aufzuraffen. Zudem machte sich die Ernährungsumstellung nach ein paar Tagen bemerkbar. Mein Bauch fühlte sich hart an, ich litt schrecklich unter Blähungen und Verstopfung und die Plumpsklos halfen auch nicht gerade!

Am vierten Abend, nach meinem Schwefelbad, suchte ich wie gewohnt mein Zimmer mit der Taschenlampe ab. Etwas Schwarzes hing am Mückennetz – ein etwa sechs bis sieben Zentimeter langer Skorpion! Mir stockte der Atem und ich rannte, um Sue zur Hilfe zu holen, doch war sie nirgends zu finden! Ganze zwanzig Minuten wartete ich, alles war schon ruhig. Und Sue? Rufen konnte ich ja nicht! Es blieb mir nichts anderes übrig, ich musste die Dinge in meine eigenen Hände nehmen, wenn ich noch zur Nachtruhe kommen wollte. Auf dem Weg zum Tor, wo der Becher bereitstand, schaute ich immer wieder, ob jemand zu sehen war. Meine letzte Erfahrung mit dem Skorpion reichte, doch hatte ich eine Wahl? Mein Mut sollte nun auf die Probe gestellt werden. Wie konnte ich ihn vom Netz nehmen? Da er am Netz hing, war es unmöglich, die Tasse über ihn zu stülpen. Irgendwie musste ich ihn auf den Boden bringen. Ich holte den Besen, der für die Spinnen bereit stand, und fegte ihn runter auf den Boden in der Hoffnung, er mache sich aus dem Staub. Doch er fiel direkt vor meine Füsse und jedes Mal, wenn ich mich ihm näherte, drehte er sich mir zu, mit seinen beiden Scheren wild herumfuchtelnd. Der wollte mich tatsächlich attackieren! Es war wie in einem Horrorfilm. Nach einer langen Weile versuchte ich ein letztes Mal mein Glück. Endlich gelang es mir, die Tasse über ihn zu stülpen und den Deckel aufzusetzen. Dieser konnte aber nicht fixiert werden, sondern lag nur lose auf der Tasse auf. Ich machte mich auf den Weg zum Tor, spürte die

Bewegungen des Skorpions, als dieser versuchte, aus der Tasse herauszukommen. Vor lauter Schreck liess ich die Tasse fallen. Mit meiner Taschenlampe versuchte ich, ihn zu erschrecken, damit er nicht in meine Richtung kam, doch konnte ich ihn nirgendwo mehr sehen! Ich hatte ein schrecklich schlechtes Gewissen, da er ja in ein anderes Zimmer laufen könnte, doch alles blieb ruhig und da ich todmüde war, gab ich die Suche auf. Irgendwann schlief ich ein und wurde von den Morgenglocken in der nächtlichen Früh abrupt geweckt.

„Oh nein, ich gehe da sicherlich nicht raus. Er könnte ja noch auf der Wiese sein, in der wir barfuss jeden morgen unsere Übungen machen. Ich bleibe hier!" Ich fühlte mich wie eine Verräterin und hörte gespannt auf Schreie, die meiner Meinung nach sicherlich kommen müssten. Nichts geschah, erleichtert atmete ich auf.

Am fünften Tag wurden wir von einer etwa sechzigjährigen Mönchin warm begrüsst, die erste und auch einzige Frau, die ich hier in dieser Funktion sah. Sie sass auf dem Podium und beobachtete uns, als wir in die Halle kamen. Ihr Kopf war, wie bei allen Mönchen, glatt rasiert und sie trug dieselbe orangefarbene Kleidung, die so typisch für buddhistische Mönche ist.

„Guten Morgen meine lieben Freunde", begrüsste sie uns in einem einwandfreien Englisch mit amerikanischen Akzent. Sie musste unsere erstaunten Blicke bemerkt haben und fuhr fort:

„Ich bin Amerikanerin und lebe in diesem Kloster seit einigen Jahren. Ihr mögt Euch nun sicherlich fragen, wie es eine Amerikanerin und zudem noch eine Frau hierher nach Thailand verschlägt. Ich war eine erfolgreiche Geschäftsfrau mit einer Familie. Eines Tages fühlte ich mich einfach leer und spürte, dass es noch etwas anderes im Leben gab, als nur zu arbeiten, die Rechnungen zu bezahlen und sich auf die Rente zu freuen. Die buddhistischen

Lehren hatten mich schon immer fasziniert und so beschloss ich, Amerika zu verlassen und den Buddhismus kennen zu lernen. Das brachte mich nach Thailand. Je mehr ich mich damit auseinandersetzte, desto mehr kam der Drang, mich vollzeitig darauf zu konzentrieren, und so wurde ich Mönchin. Da ich aus dem Westen stamme und beide Kulturen sehr gut verstehe, wollte ich diese beiden Dinge miteinander verbinden und kam hierher in dieses Kloster, um Ausländern den Buddhismus näher zu bringen." Sie strahlte innere Ruhe, Frieden und Weisheit aus wie so viele dieser Mönche hier. Die Unterweisungen gingen den ganzen Tag, mit den üblichen Unterbrechungen. Mit jedem Tag wurde das Sitzen etwas einfacher, doch mein Rücken schmerzte stark, der beim Geradesitzen ohne Stuhllehne leicht ermüdete, sodass ich meine Position immer wieder verändern musste. Doch brauchte ich zuletzt den Stuhl nicht mehr. Die Atemübungen waren für mich bis zum Schluss nicht zufrieden stellend möglich und meine körperlichen Beschwerden erschwerten die Konzentration und somit fiel ich oft aus der Meditation raus. Irgendwie störte mich das aber nicht sehr. Ich versuchte einfach die aufkommenden Gedanken vorbeiziehen zu lassen, wozu uns die Mönchin immer wieder während der Meditation aufforderte und fiel oft in eine tiefe Leere, die erfüllt war mit Licht (dieses Mal klappte es wohl besser) und Wärme.

Durch das Sprechverbot hatten wir keine andere Wahl, als uns mit uns selbst zu beschäftigen. Oft kamen störende Gedanken aus der Vergangenheit hoch, doch befand ich mich wie in einer Art Trance. Ein eigenartiges Gefühl, vor allem nachts, denn obwohl ich anscheinend schlief, hatte ich das Gefühl, voll und ganz wach zu sein. Jeden Morgen erinnerte ich mich bis ins kleinste Detail an meine Träume (oder waren es Eingebungen meines Unterbewusstseins?). Immer stärker wurden Gedanken und Visionen, die immer mit Zypern zu tun hatten. Wieder dieses Zypern – weshalb denn nur? Ich sah mich mit eigenen Augen dort zusammen mit meiner Mutter (die aber in der Schweiz lebte und arbeitete). Es war ein eigenartiges Gefühl, ich war so fern von meinem „normalen" Ich, das ich so gut kannte mit allen Schwächen und Stärken. Ich fühlte mich unheimlich ruhig und gelassen, abgesehen von den störenden Visionen über Zypern, da ich ja nicht die Absicht hatte, dorthin zu gehen. Doch darüber nachzudenken, war irgendwie nicht möglich. Es war, also ob das rationale Denken nicht existierte. Zehn Tage nicht sprechen zu können, machte mir nichts aus. Als ich im Internat lebte, durften wir auch kaum sprechen und wenn es uns mal erlaubt war, wie auf dem täglichen, stündigen Spaziergang nach dem Mittagessen, war nur Französisch erlaubt. Wir mussten immer still sein, irgendwann gewöhnte man sich daran. Wir waren eben nur da zum Lernen, und das habe ich bei Gott wirklich getan!

Die letzten Tage schaffte ich es wirklich nicht mehr, morgens für das Yoga aufzustehen. Es war eben doch sehr früh und ich liebte schon immer meinen Schlaf, auch wenn man das hier eigentlich nicht Schlaf nennen konnte. Doch war ich nicht die Einzige, die morgens zu den Yogaübungen nicht erschien! Ich war froh, als die zehn Tage vorüber waren.

Ich wollte weiterziehen und war um eine interessante Erfahrung reicher. Wir erhielten in den zehn Tagen Einsicht in die buddhistische Religion, eine für mich wirklich gute Religion. Religionen haben mich schon immer sehr interessiert und oft verstand ich nicht, weshalb sich Menschen über alle die Jahrtausende ihretwegen umbrachten, denn für mich ist die Göttlichkeit in uns selbst, welcher Religion auch immer wir angehören. Was ich erwartet hatte, war eingetroffen: bei mir selbst zu sein ohne störende emotionale Gefühle. Die waren zwar irgendwie da, doch schienen sie sehr weit weg. Die Atemübungen waren aber so eine Sache für mich – dies wollte einfach nicht klappen. Und die körperliche Müdigkeit durch das ungewohnte Geradesitzen tat natürlich noch den Rest dazu.

Weshalb ist denn Meditation heute so in und was macht sie so wichtig für uns? Ist das nicht langweilig, an nichts zu denken? Für junge Menschen ist das vielleicht so, aber jeder kommt einmal an einen Punkt, wo er die innere Ruhe sucht. Jeder sucht nach etwas, was das genau ist, kann niemand so richtig beantworten, doch jeder spürt, dass es noch mehr gibt zwischen Himmel und Erde. Wenn wir verliebt sind, spüren wir diese bedingungslose Liebe zu allem. Wir schweben auf Wolken, die Realität ist fern und nichts kann uns Angst machen, ausser der inneren Angst, dieses Gefühl wieder zu verlieren. Dasselbe Glücksgefühl erfährt eine Mutter, wenn sie ihr Neugeborenes nach harter Arbeit in die Arme nimmt. Viele junge Menschen versuchen dieses Glücksgefühl durch Drogen zu finden, was vielleicht für eine Weile funktioniert, doch leider werden sie abhängig davon und anstatt ihren Geist zu erweitern, wird es eher zu einer Flucht vor der Realität. Andere schliessen sich Sekten an, aber auch Religionen gehören für mich potenziell in dieselbe Kategorie. Meine Mutter war in jungen Jahren eine Nonne, ich habe eine Klosterschule besucht und wir beide haben selbst erlebt, dass die Nonnen auch nicht das wahre Glück finden. Wenigstens verschreiben sich Einige mit Herz und Seele humanitären und sozialen Tätigkeiten wie es Mutter Theresa getan hatte. Die Abhängigkeit von der Kirche und ihren „Lehrern" hielt uns zweitausend Jahre lang gefangen. Und ich glaube nicht, dass wir die Kirche brauchen, um Glauben zu können.

Wir versuchen auch dieses Glücksgefühl auf eine andere Person zu projizieren, weil wir uns irgendwie „unvollkommen" fühlen;

der Andere ergänzt uns und wir sind vielleicht glücklich – für eine Weile. Doch irgendwann merken wir, dass es das nicht ist, auch wenn wir das Glück vielleicht haben, in einer guten Beziehung zu sein. Wir können diese Suche und die Angst vor Verlust erst aufgeben, wenn wir sie in uns selbst gefunden haben. Die Meditation hilft dabei. Die Transzendentale Meditation (TM) ist seit vielen Jahren unter der wissenschaftlichen Lupe und die Ergebnisse sind erstaunlich. Heute lehrt man TM sogar in einigen amerikanischen Gefängnissen, denn Studien haben gezeigt, dass die interne Kriminalität abnimmt und die Insassen sich sogar so positiv verändern, dass viele vorzeitig entlassen werden können und nicht rückfällig werden. TM-Konventionen in Afrika und Amerika haben gezeigt, dass während der Konvention eine drastische Abnahme der Kriminalität in der gesamten Umgebung wahrgenommen wurde.

Die Mönche verabschiedeten uns und wir machten uns auf den Weg zurück zum Kloster. Obwohl wir die Möglichkeit hatten, noch ein paar Tage im Aufnahmecamp zu verbleiben, verliessen die meisten noch am Nachmittag den Ort. Während wir alle auf den Landbus nach Sura Thani warteten, kam ein langsames Erwachen. Es war so eigenartig, plötzlich seine eigene Stimme nach zehn Tagen Stille wieder zu hören! Meine beiden Kolleginnen und ich tauschten nun Erfahrungen aus. Keine von beiden hatte ich während der letzten Tage wahrgenommen. Wir merkten sehr rasch, dass während der zehn Tage etwas gefehlt hatte – nämlich der Austausch von Problemen und zu hören, wie es andere erlebten. Doch das hätte uns vermutlich aus der kontinuierlichen Meditation gerissen und den Zweck des Ganzen verfehlt. Doch wäre es gut gewesen, wenn der zehnte Tag vielleicht ein Gruppentag gewesen wäre, indem wir mit den Mönchen und den anderen hätten sprechen können.

Als wir den Bus bestiegen, waren wir uns einig, dass wir noch nicht bereit waren, für die grosse Welt, und beschlossen, auf eine Insel zu reisen und uns langsam zu akklimatisieren. Eine junge Dänin, Gitta, und der Deutsche, Daniel, wollten sich zu uns gesellen. Die anderen im Bus empfanden genau das Gegenteil – sie konnten es kaum erwarten, in eine grosse Stadt zu kommen, um in Discos zu gehen und das Nachtleben zu geniessen und vor allem endlich wieder Fleisch zu essen! So verschieden sind eben Menschen! Ich habe Fleisch nicht vermisst, doch mein Magendarmtrakt hat echt gelitten! Trotzdem fühlte ich mich viel leichter und das Essen hat mir geschmeckt, obwohl es jeden Tag dasselbe gab.

Die letzten zehn Tage waren für jeden von uns ein unvergleichbares Erlebnis, ob nun positiv oder negativ. Generell hatten aber doch die meisten Probleme, die letzten Tage durchzuhalten, und das Redeverbot war für die Meisten sehr schwierig einzuhalten gewesen. Dennoch würden ich und meine Freunde diese Tage als einschneidend und positiv bezeichnen und so etwas jederzeit wieder tun. Es war wie eine Auszeit der eigenen Person, vielleicht unseres Egos, denn man sieht sich selbst nicht mehr als so wichtig, sondern ist irgendwie von seinem Körper und dem rationalen Denken weit entfernt.

Sura Thani – eine gefährliche Bootsfahrt

Sura Thani mit einer heutigen Einwohnerzahl von 125'000 ist eine der grössten Städte im Süden Thailands. Wir fünf fuhren gleich zum Hafen, wo wir eine Nachtfähre zu der kleinen, noch nicht gut erschlossenen Insel Ko Tao, nahmen. Das Boot war alt, mit einer riesigen Schlafstelle in der Mitte, etwa achtzig Matten in vier

Reihen, dicht nebeneinander. Wir nahmen unsere Plätze mit den Einheimischen ein. Die Seiten des Schiffes waren offen. Der warme Wind versetzte uns sehr rasch in einen tiefen, entspannten Schlaf. Irgendwann in der Nacht weckte mich meine so schwache Blase, ich konnte nicht bis zum Morgen warten. Das Boot schwankte stark hin und her und ich musste mich an jedem Balken festhalten, um nicht auf Schlafende zu fallen. Normalerweise werde ich sofort schwer seekrank, wenn es auch nur ein klein wenig schwankt, doch dies geschah hier eigenartigerweise nicht! Abgesehen von zwei Thailändern, die am Ende des Bootes miteinander redeten, dort wo sich die Toilette befand, war niemand wach. Sie musterten mich mit neugierigen Blicken, wie ich verkrampft versuchte an die Türklinke zu kommen, damit ich mich irgendwo festhalten konnte, um nicht ins Meer gespült zu werden. Es gab keine Sicherheitstüre oder ein Seil oder irgendetwas, was einen vor dem Fall ins Wasser geschützt hätte. Krampfhaft griff ich nach allem, was ich erreichen konnte, und mit einem grossen, mutigen Sprung bekam ich die Türklinke zu fassen, die hoffentlich hielt. Das Wasser schwappte ins Boot und machte das Ganze noch gefährlicher. Hätten die beiden Männer Alarm geschlagen, wäre ich ausgerutscht? Hätte man mich überhaupt gefunden in der Dunkelheit und bei dem hohen Seegang – und überhaupt, wie lange hätte ich durchgehalten? Ich bin keine gute Schwimmerin und der Gedanke an Haie in diesen Gewässern half auch nicht gerade, meine Gedanken zu beruhigen. Ich schaffte es zur Toilette und wieder zurück und schlief bis zum Morgengrauen durch.

Wir legten bei Sonnenaufgang an. Das Schiff musste zwischen anderen Booten anlegen und somit konnten wir nicht direkt aussteigen. Thailänder kamen und nahmen unsere Rucksäcke in Empfang. Sie machten uns mit einer Handbewegung klar, ihnen zu folgen. Was sie dann von uns verlangten, brachte mich fast aus der Fassung: Wir sollten auf der Aussenwand des Bootes entlang gehen, die gerade noch Platz genug für unsere Füsse bot, und es nichts gab, woran wir uns festhalten konnten. Ein Blick nach unten eröffnete mir einen Abgrund von etwa zehn Metern. Wenn jemand ausgerutscht wäre, hätte ihn niemand halten können. Panik half nicht, obwohl ich auch noch unter Höhenangst leide. Einer nach dem andern stieg zur Aussenwand des Bootes und balancierte über den schmalen Sims. Ich war schon auf steilen Berghängen entlanggegangen, aber so etwas grenzte an Wahnsinn. Nichts geschah und erleichtert atmete ich auf, als ich endlich festen Boden unter mir spürte. Mein Herz machte Aussetzer und meine Knie knickten ein, sodass mich ein Thai gerade noch rechtzeitig auffangen konnte. Einige Tage später hörten wir von einem Bootsunglück in diesen Gewässern, bei dem viele Menschen ertranken.

Ko Tao – ein paar Tage des Reflektierens

Der kleine Ort ist touristisch erschlossen, mit einem kleinen Markt, ein paar Cafés und einem Tauchzentrum. Unterkünfte gab es hier kaum, die waren nach Aussagen von anderen Touristen weiter weg, in den Hügeln der Insel und auf der anderen Seite. Daniel verabschiedete sich von uns, er wollte in der Einsamkeit weitermeditieren. Somit verblieben wir vier Frauen. Wir fanden gute Hütten eine halbe Stunde entfernt auf der anderen Seite der Insel. Die Gegend war hügelig und grün, mit hohen Bäumen bewachsen. In der kleinen Bay sahen wir ein Restaurant und machten uns dahin auf den Weg. Wir bestellten ein englisches Frühstück. Die Besitzerin vermietete auch gleich Bungalows, die etwas höher auf dem Hügel gelegen waren. Ruth und ich mieteten uns in eine Hütte auf der Spitze des Hügels, mit Sicht auf das untenliegende

Meer – atemberaubend. Die Hütte hatte alles, was wir brauchten, ausser natürlich, wie so üblich in abgelegenen Orten Thailands, fliessendes Wasser und Strom. Doch daran waren wir bereits gewöhnt und es machte uns überhaupt nichts aus, so einfach zu leben. Wir hatten sogar eine kleine Veranda, auf der wir alle viel Zeit verbrachten, um über unsere Erlebnisse zu sprechen. Die anderen beiden nahmen eine Hütte in der Nähe von uns. Wir sahen nur etwas sechs Hütten, sonst war da nichts, nur Natur und Ruhe, genau was wir brauchten.

Ruth hatte die grössten Probleme gehabt, die zehn Tage durchzuhalten, und gab zu, dass sie mit jemandem geredet habe, auf die Gefahr hin, vom Camp verwiesen zu werden, doch sei ihr das zu dem Zeitpunkt völlig egal gewesen. Generell hatten wir alle Probleme am Anfang und gegen Ende. Dennoch waren wir stolz, dass wir durchgehalten hatten, fühlten uns gestärkt, Probleme besser bewältigen zu können.

Am zweiten Tag unternahmen wir mit einem Einheimischen eine kleine Bootsrundfahrt um die Insel. Wir machten unterwegs Halt und mit einer Handbewegung lud der Bootsführer uns ein, ins Wasser zu springen. Das Wasser war glasklar und blau. Normalerweise würde ich nie in diesen Gewässern schwimmen gehen und schon gar nicht, wenn kein Grund unter meinen Füssen ist. Doch alle taten es und ich wollte keine Schwäche zeigen. Das Wasser prickelte angenehm kühl auf der Haut und wir genossen die zehn Minuten im Wasser. Kaum wieder auf dem Boot, sahen wir ein kleines Ruderboot mit drei Touristen. Sie waren sehr aufgeregt und ruderten völlig unkoordiniert. Einer rief uns zu: „Geht ja nicht hier schwimmen, wir haben gerade einen etwa zwei Meter langen Hai neben uns gehabt!" Wir schauten uns an und waren für eine ganze Weile still. Keiner mochte darüber reden, doch gedacht haben wir wohl alle dasselbe: Was, wenn ...!

Wir genossen die nächsten zwei Tage mit Reden und Essen. Bald war die Realität zurückgekehrt und wir verspürten den Drang, weiterzuziehen, allerdings immer noch nicht ins schnelle Leben.

Unbekannte Insel – eine fürchterliche Nacht

Mit einem kleinen Boot wurden wir auf eine ganz kleine Insel gebracht, deren Namen nicht einmal auf der Landkarte stand. Sie musste erst kürzlich von Ausländern erschlossen worden sein. Ein Restaurant lag idyllisch am Hafen, mit den sanitären Anlagen gleich nebenan. Um zu den Hütten zu gelangen, mussten wir über einen der schönsten Flecken gehen, den ich je gesehen habe, nämlich einen etwa fünfhundert Meter langen, feinen, weissen Sandstrand, der zum Teil nur drei Meter breit war, mit Meer beidseits. Eine andere Insel war in Sichtweite, die nur während der Ebbe zu erreichen war. Die Hütten lagen vom Restaurant etwa zehn Minuten entfernt in den Hügeln, alle auf Stelzen gebaut. Sie waren einfach eingerichtet, wie wir es ja bereits gewöhnt waren. Allerdings befanden sich die Toiletten etwas gar weit weg. Die Insel war eigentlich nur für diejenigen interessant, die einen Tauchkurs belegten, denn das war hier das Hauptgeschäft des Restaurantbesitzers. Gitta wollte einen Tauchkurs für Anfänger belegen und wir begleiteten sie, da wir nichts anderes zu tun hatten. Wir anderen waren keine Wasserratten!

Das Essen im Restaurant stellte sich als miserabel heraus und die Gastgeber waren unfreundlich. Die Waschräume waren dreckig, die Toiletten von Männern und Frauen gleich benutzt. Hier konnte man sich etwas holen! Gitta gefiel zudem der Tauchkurs nicht, der Lehrer war anzüglich. So beschlossen wir, am nächsten

Tag diese schreckliche Insel zu verlassen! Nachts wachten Ruth und ich gleichzeitig mit starken Magenkrämpfen auf (wir hatten am Vorabend Muscheln gegessen, da es eben nur Gerichte mit Meerestieren auf der Menukarte gab). Wir verbrachten eine schreckliche Nacht unter der Hütte, mit konstantem Erbrechen und Durchfall. Wir fühlten uns hundeelend – und keine Toiletten oder fliessendes Wasser in der Nähe! Gott sei Dank hatten wir Toilettenpapier und Flaschen-Wasser dabei, was zumindest bei der Reinigung half. Der Gestank unserer Exkremente war so schrecklich peinlich. Wie es wohl den beiden anderen erging? Da es stockfinster war und wir nicht den Mut hatten, mit der Taschenlampe zur entfernten Toilette zu gehen, wussten wir auch nicht, was um uns herum geschah. Am Morgen fühlte ich mich besser, aber Ruth ging es immer schlechter. Sie klagte über starke Kopfschmerzen und einen sehr heissen Kopf. Das Fieberthermometer zeigte vierzig Grad Celsius an. Am frühen Morgen kamen die anderen zu uns und auch sie sahen nicht gerade lebendig aus. Es war klar, dass wir unter einer Lebensmittelvergiftung litten. Doch uns allen ging es am Morgen besser, nur Ruths Zustand verschlechterte sich zusehends. Sie musste ins nächstgelegene Krankenhaus. Erschöpft aber froh, verliessen wir die Insel mit dem nächsten Boot. Ich vermutete, dass Ruth an Malaria litt.

Auf dem Festland wieder angekommen, nahmen wir den Bus in die nächste Stadt. Gleich eingangs der Stadt sahen wir ein grosses Schild mit dem Spitalsymbol. Was nun geschah, verstehe ich heute noch nicht und kann es mir auch nicht verzeihen. Ruth wollte alleine ins Krankenhaus gehen und unsere Weiterreise nicht behindern, obwohl sie wirklich hohes Fieber hatte und ganz und gar nicht gut aussah.

„Es geht schon, das Krankenhaus ist ja gleich dort drüben und die werden sich um mich kümmern. Macht Euch keine Sorgen um mich. Ich fliege ja in einer Woche zurück in die Schweiz. Ihr müsst

Euch nicht schuldig fühlen. Ich werde schreiben." Wir liessen Ruth wirklich alleine aussteigen und verabschiedeten uns von ihr. Mit Schuldgefühlen schauten wir ihr nach. Wie verantwortungslos und lieblos konnten wir denn nur sein, vor allem nach einem zehntägigen Meditationsseminar? Vielleicht waren wir durch das Meditationslager so sehr mit uns selbst beschäftigt, dass jegliche Nächstenliebe und Fürsorge für jemanden anderen abhanden gekommen war. Nicht, dass dies eine Entschuldigung wäre, doch eine plausiblere Erklärung habe ich wirklich nicht.

Krabi – Abschied und wieder alleine

Krabi, eine mittelgrosse Stadt am Meer gelegen, wird gerne von Rucksackreisenden besucht. Für Anita und Gitta war die Zeit fast abgelaufen. Wir beschlossen, noch ein paar Tage bis zu ihrem Rückflug hier zusammen zu verweilen. Immer wieder kamen wir auf Ruth zu sprechen. Wir fragten uns, wie es ihr wohl gehe und was mit ihr los war. Wir fühlten uns so schrecklich schuldig, sie einfach sich selbst überlassen zu haben, doch es war getan und wir mussten damit leben. Es war schwierig, ein günstiges Hostel zu finden, und wir mussten mit einem vorlieb nehmen, das nicht gerade einladend aussah. Wir teilten uns zu dritt einen Raum. Die Türe konnte nicht verriegelt werden. Die Waschräume lagen gleich gegenüber, etwa zehn Meter über eine Wiese entfernt, doch ohne Strom. Die Absteige (anders konnte man das nicht nennen) war dreckig und es herrschte viel Lärm. Wir fühlten uns nicht sicher, doch weil wir zu dritt waren, waren wir etwas beruhigt. In der Nacht verbarrikadierten wir die Türe mit unseren schweren Rucksäcken, damit niemand ungehindert eintreten konnte. Die verbleibenden zwei Tage wollten wir mit Einkäufen verbringen und gingen jeden Tag in ein nettes, kleines Café, um frischen Kaffee und Croissants zu geniessen, einen Luxus, den wir die letzten zwei Monate nicht hatten.

In der zweiten Nacht musste Anita auf die Toilette. Obwohl dieser Ort fast mitten in der Stadt liegt, war er uns irgendwie unheimlich, vor allem nachts. Gitta blieb im Zimmer unter der offenen Tür, um uns mit der Taschenlampe zusätzlich den Weg zu weisen, und wir konnten sie sehen, damit ihr nichts geschah. Dieser Ort war wirklich verdächtig, wir hatten ein ungutes Gefühl und eine junge Frau alleine könnte hier wirklich in Gefahr geraten. Weshalb? Männer hingen die ganze Nacht über herum und wir hörten oft komische, nicht identifizierbare Laute, die Atmosphäre war einfach gespenstisch. Wir waren froh, als wir alle drei wieder im Zimmer waren.

Am anderen Morgen auf dem Weg zu den Waschräumen sahen wir Thailänder um einen grossen Eimer stehen. Was hatten die da drin und weshalb waren sie alle so aufgeregt? Ein Blick hinein liess unseren Atem stocken. Vier riesige, etwa dreissig Zentimeter grosse, schwarze Skorpione lagen übereinander und versuchten aus dem Eimer zu kommen. Noch nie in meinem Leben hatte ich solche Viecher gesehen oder geglaubt, dass sie überhaupt existierten! Nach der Frage, woher sie diese hätten, antworteten sie uns in gebrochenem Englisch: „Hier", und zeigten zu den Toiletten! „Finden morgen." Skorpione sind Nachttiere und ein Biss von so einem grossen Tier ist effektiv tödlich. Somit schränkten wir unsere Getränke abends ein, damit wir in den verbleibenden zwei Nächten nicht raus mussten.

Am nächsten Morgen verabschiedeten wir Gitta. Anita würde mich einen Tag später auch verlassen. Schweren Herzens musste ich beide gehen lassen und fühlte mich zunächst sehr einsam und alleine. Wir hatten eine grossartige Zeit zusammen und versprachen, uns gegenseitig zu schreiben. Das sagen alle, doch meist halten diese Freundschaften leider nicht lange! Sobald jede wieder zuhause in ihrer Routine ist, bleiben nur noch die Erinnerungen an eine schöne und interessante Zeit.

Ich wusste nicht so recht, was nun mit mir anfangen, doch eines war sicher, in der Absteige konnte ich unmöglich bleiben, es war schlicht zu gefährlich für mich alleine. Da ich noch nicht sehr viel von Thailand gesehen hatte, wollte ich dies nun nachholen und die bekannten, wunderschönen Inseln in dieser Gegen besuchen, bevor es weitergehen würde nach Malaysia. Mein Visum war fast abgelaufen und ich musste es um einen Monat verlängern. Hoffentlich war das kein Problem. Ich wurde zur Polizeistelle gewiesen, die auch für Visaangelegenheiten zuständig war. Ich musste nicht warten, sondern wurde gleich freundlich von einem Polizisten in Empfang genommen, der mir gegenüber an seinem Schreibtisch sass.

„Möchtest Visa verlängern?" Ich nickte. „Gefällt Dir hier?" Ich nickte wieder. „Okay, kein Problem." Währenddem er das sagte, hatte er bereits meinen Pass gestempelt und mir weitere vier Wochen gegeben. Er verlangte auch kein Geld, sondern verabschiedete mich mit der typischen thailändischen Geste, die ich erwiderte. Und schon war ich wieder draussen.

Das Hotel hatte ich bereits verlassen und machte mich sogleich zum kleinen Hafen auf. Natürlich musste ich zuerst Ko Phi Phi sehen, fand ein kleines motorisiertes Boot, zahlte einen minimalen Betrag und stieg mit ein paar anderen Reisenden ein.

Ko Phi Phi – ein Debakel

Diese wunderschöne Insel war bekannt für Luxusreisende und sehr teuer. Die Überfahrt dauerte nicht sehr lange, und die See war ruhig. Bei der Ankunft wimmelte es nur so von Menschen. Ich fand mich nicht zurecht und lief lange herum, bis ich endlich eine Unterkunft für mein Budget fand. Es war ein kleiner Bungalow, in dem es nur so von Mücken wimmelte. Ich machte gleich das Mückennetz zu und hoffte, dass alle ausserhalb des Netzes waren und ich die Nacht problemlos überstehen würde. Als es eindunkelte, machte ich mich zur Hauptstrasse auf, wo die Restaurants, Cafés und Clubs waren. Ich setzte mich in ein kleines Café und beobachtete interessiert die Eigenartigkeiten der vielen Touristen hier. Es gab einfach alles! Aus dem gegenüberliegenden Restaurant kam gerade eine Gruppe wunderschöner thailändischer Frauen heraus, eine attraktiver als die andere. Ihre Kleidung war aus fliessendem, seidenem Stoff, ihre Figur perfekt betonend. Ihre Gesichter waren wunderschön geschminkt und ihre Züge feingliedrig und feminin. Sie kamen näher in mein Blickfeld – aber hallo, hier stimmte etwas nicht! Nein, das konnte doch nicht sein! Es waren gar keine Frauen, sondern Transvestiten, wie ich gerade von meinem Nebenan aufgeklärt wurde! Wie konnten Männer so schöne Frauen mimen und in diesen hochhackigen Schuhen auch noch wie Prinzessinnen elegant gehen? Fasziniert schaute ich ihnen nach, wie auch jeder andere. Ich war müde und wollte schlafen gehen. Meine Hütte war immer noch voll mit Tausenden von Mücken und bis ich mich umgezogen hatte, war mein ganzer Körper von Kopf bis Fuss zerstochen. Ich hatte keine Chance und verbrachte eine schreckliche Nacht.

Am anderen Morgen begutachtete ich die Stiche, die zwar rot, aber nicht geschwollen waren. Sie juckten auch nicht so fest, wie ich das sonst kannte. Ich machte mich auf zur Drehscheibe des Geschehens. Wo ich hinkam, wurden Tauchkurse angeboten. Ich leide wie gesagt unter einer Wasserphobie, die mit meiner Kindheit zu tun hat. Der Gedanke, meinen Kopf unter Wasser zu halten, löst Panik in mir aus. Ein grossgewachsener, blonder, junger Mann sprach mich an.

„Hi, ich bin Sven aus Schweden. Ich bin Tauchlehrer, hast Du Lust einen Kurs zu machen?"

„Nein, danke." Ich ging weiter, doch er liess nicht locker.

„Du bekommst ausser der Anzahlung Dein Geld zurück, wenn Du am zweiten Tag nicht weitermachen willst." Das klang gut. Ich klärte ihn über meine Angst auf, doch er meinte, dass ein Tauchkurs mir helfen könnte, diese Angst zu verlieren. Also akzeptierte ich. Er nahm mich sogleich ins Gebäude, wo ich ein Formular ausfüllen musste mit vielen Gesundheitsfragen. Er brachte mich in ein Zimmer, wo bereits sieben Männer und Frauen warteten, aus der ganzen Welt zusammengewürfelt. Ich hatte ja nichts anderes zu tun, also begann ich gleich mit dem fünftägigen Kurs.

Es begann mit vier Stunden Theorie, um Gefahren abschätzen zu lernen und uns bekannt zu machen mit den Instrumenten. Interessant war das ja schon, von Druckverhältnissen und so weiter zu hören. Nach dem Mittagessen, sollten wir unseren ersten Tauchgang auf zehn Meter Tiefe bereits absolvieren, meine Feuerprobe. War das nicht zu früh und zu tief?

„Ihr werdet immer zu zweit sein und ich bin in der Nähe. Das Wasser ist so klar, dass nichts schief gehen kann", entgegnete er etwas hochmütig. Nun gut, packen wir es an! Da das Wasser warm genug war, reichte der Badeanzug aus. Jeder musste seine eigene Gasflasche auf den Rücken heben und die war so schwer, dass ich völlig erschöpft nach dem kurzen Fussmarsch am Strand ankam.

„Im Wasser spürt ihr die schweren Flaschen nicht mehr", beruhigte er uns. Wie wir die Maske anziehen und auch unter Wasser ab- und wieder aufsetzen, hatten wir bereits trocken geübt. Ruhig solle man atmen, damit man nicht soviel Luft aus der Flasche verbrauche. Irgendwie war ich freudig aufgeregt und er machte auf mich einen vertrauenswürdigen Eindruck, trotz seiner hochnäsigen, allwissenden Art. Zunächst sassen wir einfach im Wasser, mit dem Kopf unter Wasser, damit wir uns daran gewöhnen konnten. Es war faszinierend, unter Wasser sehen und atmen zu können. Ich atmete aber sehr schnell und Sven ermahnte mich, ruhig zu werden, sonst sei meine Flasche zu früh leer – leichter gesagt, als getan!

Nun ging es zum Zehn-Meter-Tauchgang. „Folgt mir, es kann gar nichts passieren!" Mein Puls schlug schneller und ich bekam Angst. Doch da ich die Letzte war, die noch nicht untergetaucht war, und ich nicht meine Angst zeigen wollte, tauchte ich ab und schwamm neben Sven und meinem ausgesuchten Partner.

Dass Sven neben mir war, beruhigte mich immens und ich merkte gar nicht, dass wir immer weiter hinabtauchten. Die Welt da unten war unheimlich schön. Obwohl ich immer noch Angst hatte und viel zu viel Sauerstoff verbrauchte, war ich völlig fasziniert von dem klaren Wasser und den kunterbunten Fischen, die uns neugierig beobachteten. Wir erreichten den Sand und ich blickte nach oben. Weit oben sah ich den Himmel und war erstaunt, dass wir bereits auf zehn Meter Tiefe waren. Die Angst verschwand und ich hörte meinen Atem durch das Mundstück, wie ich es schon bei Tauchfilmen gehört hatte. Mein Lehrer gab mir das O.k.-Zeichen und ich antwortete ihm mit demselben Zeichen, dass ich o.k. war. Er wollte offenbar noch weiter, doch mit den Flossen wirbelte er soviel Sand auf, dass ich plötzlich nichts mehr sehen konnte. Ich bekam eine Flosse ins Gesicht und konnte nichts mehr erkennen und keinen meiner beiden Partner sehen! Jetzt kam die Panik zurück. Alles war dunkel wegen dem Sand, der das Licht von oben abhielt. Ich wollte nur noch hoch und tauchte, so schnell ich konnte, auf. Kaum oben, riss ich meine Maske ab und nahm einen tiefen Atemzug. Mein Herz pochte wild und mir war schlecht. Weit und breit konnte ich niemanden von unserer Gruppe sichten. Ich war vielleicht dreissig Meter vom Strand entfernt und staunte, wie weit weg ich schon war. Am Strand wartete ich auf die anderen.

Ich war wütend auf Sven. Er nahm mich gar nicht ernst, sondern spielte sich auf und ging auch nicht auf meine Klage ein, sondern fuhr einfach mit der nächsten Anweisung fort.

„Wenn Ihr tief unten seid, kann es passieren, dass Wasser in Eure Maske gerät. Da darf keine Panik aufkommen, Ihr müsst lernen, wie das Wasser aus der Maske zu bringen," und er zeigte uns den Vorgang wie schon trocken am Morgen. Doch das war ja gerade mein Problem! Ich glaube, ich hätte nochmals unter Wasser gehen können, denn das euphorische Gefühl da unten, auch wenn es nur wenige Minuten gedauert hatte, wollte ich nochmals erleben. Doch er liess mich nicht, bevor ich nicht gelernt hatte, meine Maske auf- und abzusetzen. Unter Wasser die Augen aufzumachen, ohne eine Maske und dann bei freier Nase, durch die ich immer zu atmen versuchte, war für mich ein Ding der Unmöglichkeit. Während die anderen das ohne Problem schafften und der Kurs für sie für heute fertig war, machte Sven mir ungeduldig klar: „Du machst das jetzt so lange, bis Du das kannst," und liess mich wie eine kleine Schülerin da sitzen. Dieses Schikanieren war mir nun doch zu viel, ich nahm meine Sachen, schleppte mich mit der schweren Flasche zurück zur Schule und verlangte, mit dem Inhaber zu reden. Ich forderte mein Geld zurück, erklärte auch weshalb. Sven wurde geholt, der sich so dumm benahm, dass der Inhaber ihn anschrie.

Nun, mehr konnte man auf dieser Insel nicht tun und somit war es an der Zeit, weiterzuziehen. Wohin? Na, auf eine andere Insel, denn das tut hier jeder! Wenigstens würde ich nicht noch eine Nacht von den Mücken zerstochen.

Ich bestieg einfach das nächste Boot, das an der Anlegestelle wartete. Wohin es fuhr, wusste ich nicht. Ich musste einfach weg von hier. Meine Rastlosigkeit ohne Ziel war bedenklich. Was sollte denn das Ganze – von einer Insel zur anderen zu hüpfen, wo jede fast gleich aussieht wie die andere, wozu? Musste ich mir selbst beweisen, dass ich das alles ganz alleine konnte, oder rannte ich von meinen Problemen davon? Ein junges Pärchen sprach mich an.

„Hallo, ich bin Marjorie und das ist Jeffrey, wir sind aus Kanada." Ich stellte mich selbst vor und woher ich war und wir kamen sehr rasch ins Gespräch, tauschten Erfahrungen aus. Sie luden mich ein, bei ihnen zu bleiben, und ich nahm dankend an. Es geschah nicht so oft, dass ein Paar eine Alleinreisende bei sich haben wollte, doch habe ich schon öfters auf meiner Reise festgestellt, dass vor allem die Kanadier sehr hilfsbereit, umgänglich und nett waren. Die Amerikaner hingegen habe ich als laut und oberflächlich kennengelernt. Dass es einen Unterschied zwischen den beiden Ländern gab, war mir vorher nicht bewusst. Die Kanadier konnten ganz schön wütend reagieren, wenn man sie als Amerikaner ansah.

Unbekannte Insel – dem Tode nahe

Wir nahmen Residenz in einem schönen Ferienort mit etwa zwanzig luxuriös eingerichteten Hütten mit fliessendem Wasser, Toilette, Dusche und Strom. Das war doch nicht schlecht, so zur Abwechslung, nicht wahr? Die Preise waren höher, deshalb sah man hier wohl auch kaum Rucksacktouristen. Wir bezogen unsere Hütten und wollten uns zum Abendessen treffen. Meine Hütte war wirklich schön, mit zwei soliden Holzbetten, einem Tisch und zwei Stühlen und immer noch genügend Platz, sich gut bewegen zu können. Die Türe war sehr solide gebaut und man konnte sie abschliessen.

Der feine, weisse Sandstrand lag ganz in der Nähe und erstreckte sich über viele Kilometer, so weit das Auge reichte. Ich genoss den Sonnenuntergang am Strand. Es hatte kaum Leute dort, ich sah nur Jeffrey und Marjorie Hand in Hand den Strand entlang spazieren. Der Abend mit ihnen war lustig und interessant. Sie waren so anders als einige Reisende, die ich bis jetzt getroffen hatte. Das Essen war ausgezeichnet. Wir wünschten uns gegenseitig eine gute Nacht und wollten uns zum Frühstück wieder treffen.

Ich schlief sogleich ein. Mitten in der Nacht weckte mich ein eigenartiges Geräusch. Etwas bewegte sich auf meinem Bett. Mir war klar, dass ich das Licht anstellen musste, um zu sehen, was es war, aber oh Gott, hatte ich eine Angst, was mich da erwarten würde! Kaum hatten sich meine Augen an das Licht gewöhnt, sah ich diese ekligen Kakerlaken auf meinem Bett! Mit einem Satz war ich aus dem Bett, wusste zunächst nicht, was tun. Ich zählte etwa zwanzig Kakerlaken. Sie kamen hinter dem Kopfteil hoch und nun mit dem Licht verschwanden sie blitzschnell wieder dorthin. Mit Schlafen war es endgültig vorbei. Damit sie nicht wiederkommen würden, liess ich das Licht an. Ich setzte mich auf die Treppe beim Eingang und wartete einfach auf den Morgen.

Ich kannte diese Tiere nur von Ferien in Mauritius. Wenn ich nachts aufstehen musste (wieder meine schwache Blase), hörte ich unter den Schuhen diese schrecklichen Knacktöne, wenn ich ihren Panzer zerquetschte. Ich fand sie eklig! Sobald ich Leben im Hauptgebäude ausmachen konnte, verlangte ich ein Gespräch mit dem Hotelmanager. Ich verlangte eine andere Hütte, was er anstandslos organisierte. Ein leichtes Schmunzeln konnte er sich dennoch nicht verkneifen. Die neue Hütte suchte ich zunächst einmal sehr genau ab und ging noch für ein paar Stunden schlafen, ohne weitere Störungen. Den Rest des Tages verbrachte ich mit meinen neuen Freunden, die sich kaputt lachten über meine Horrorstory.

Am nächsten Tag wollten wir das nahegelegene Dorf besuchen. Es lag zwanzig Minuten entfernt und hatte nichts anderes zu bieten als einen kleinen Laden und ein paar Häuser, dennoch war es eine Abwechslung. Zurück konnten wir den Strand entlang gehen, zwar war das etwas weiter, aber viel schöner als auf der staubigen Strasse. Meine zweite Nacht war wunderbar!

Am dritten Abend kamen drei Hongkong-Chinesen an, die mit uns zusammen den Abend verbrachten. Sonst waren wirklich keine anderen Touristen in diesem Ferienkomplex. Sie waren ziemlich unangenehm, laut, machten üble Witze und tranken unheimlich viel. Irgendwann wurde es uns zu dumm mit ihnen und wir verabschiedeten uns. Ich wusch noch meinen Lieblingssarong und meinen Badeanzug und hing beides draussen auf dem kleinen Balkon auf, bevor ich zu Bett ging. Mitten in der Nacht weckte mich ein lautes Klopfen an der Tür. Stimmen forderten mich auf, die Türe zu öffnen. Ich erkannte die drei Chinesen. Sie waren völlig betrunken und laut. Ich antwortete nicht und hoffte, dass sie einfach weiterziehen würden. Woher wussten sie überhaupt, welches mein Bungalow war? Sie liessen nicht locker, sondern begannen mit den Fäusten gegen die Türe zu hämmern. Ich war dankbar für die soliden Holztüren. Ich lag wie starr in meinem Bett und wagte kaum zu atmen (als ob sie das hätten hören können!). Wie weit konnten betrunkene Chinesen gehen? Ich hatte Angst, konnte denn niemand diesen Lärm hören? Ich nahm all meinen Mut zusammen.

„Lasst mich in Frieden, geht weg!" Ich hörte ein lautes, ekliges Lachen.

„Wir möchten nur etwas mit Dir spielen." Was denn sonst, sicherlich waren sie nicht darauf aus, mit mir Tee zu trinken!

„Du kannst uns nicht entkommen und niemand kommt Dir zu Hilfe, keiner kann Dich hören." Ich befürchtete, dass sie da Recht hatten. Mein Schicksal lag nun in Gottes Hand und ich konnte nur noch hoffen, dass ich weiterhin von meinen Engeln beschützt werden würde. Einer hämmerte immer noch auf die Türe ein. Ich hörte jemanden um meinen Bungalow herumlaufen, offenbar suchte er einen anderen Weg, wie das Fenster, doch auch das war verriegelt und er konnte nicht hineinsehen. Die Zeit stand für mich still, ich betete, von Panik besessen. Nach einer langen Weile wurden sie ruhiger und ich hörte, dass sie irgendetwas auf meiner Veranda machten. Plötzlich herrschte völlige Stille. Waren sie weg? Ich wagte mich nicht von der Stelle zu rühren, mein Körper war immer noch wie versteinert und so verblieb ich bis zum Morgen ohne Schlaf. Ich wartete ab, bis es ganz hell war und ich menschliche Geräusche hören konnte. Vorsichtig machte ich die Tür auf, immer noch sehr ängstlich – keine Chinesen zu sehen. Auf der Terrasse sah ich, dass mein Sarong weg war. Ich meldete den Vorfall sogleich dem Manager, der mir mitteilte, dass sie sehr früh morgens abgereist seien. Nun war ich beruhigt! Meine beiden Freunde hörten sich beim Frühstück schockiert meine Geschichte an. Ihre Hütte lag zu weit weg von mir und sie hatten nichts gehört. Ich fühlte mich sehr müde, ging aber nicht mehr ins Bett. Wir wollten nochmals ins Dorf gehen, da Marjorie ein paar Dinge kaufen wollte.

Kaum erreichten wir den Laden, überkam mich plötzlich eine eigenartige körperliche Schwäche. Ich schob das auf die letzte schlaflose Nacht. Doch kurz darauf wurde mir unheimlich heiss, mein Kopf pochte wie verrückt und meine Beine gaben nach, sodass ich mich auf den nächsten Stein setzen musste. Mit grosser Kraftanstrengung versuchte ich aufzustehen, meine Knie fühlten sich richtig schwach an, doch versuchte ich, mir nichts anmerken zu lassen.

„Bist Du in Ordnung? Du hast einen ganz roten Kopf?"

„Mir ist heiss, vielleicht habe ich zuviel Sonne abbekommen, geht aber, danke."

Ich verstand die Welt nicht mehr – woher kam diese plötzliche Schwäche? Ich hatte mich noch nie im Leben so elend gefühlt. Der Weg zurück war endlos und ich fühlte mich jede Minute schwächer, riss mich aber zusammen, damit meine Freunde nichts merkten. Kurz vor dem Hotel sackte ich in den Sand.

„Du siehst ganz und gar nicht gut aus. Bist Du sicher, dass es nur die Sonne ist? Hast Du Fieber?" Fieber? Weshalb war ich nicht vorher draufgekommen! Deshalb fühlte ich mich so elend und heiss!

„Ich bin okay. Ich werde mich etwas hinlegen und werde Euch beim Abendessen sehen." Mit Müh und Not erreichte ich meine Hütte und legte mich völlig erschöpft aufs Bett, war aber noch nicht gross alarmiert und dachte auch nicht darüber nach. Ich schob meinen Zustand immer noch auf die letzte schlaflose Nacht. Ich brauchte nur etwas Schlaf und bis zum Abend würde ich wieder putzmunter sein. Es ging mir nicht besser. Ich konnte nicht schlafen, mein Kopf hämmerte arg und ich fühlte mich so heiss an. Das Thermometer zeigte 41 Grad Celsius! Ich schwitzte nicht, sondern fühlte mich einfach elend schwach. Meine Gelenke schmerzten ungemein. Trinken mochte ich nicht. Es klopfte an die Tür.

„Ich bin's, Marjorie – wie geht es Dir? Kommst Du zum Abendessen?"

„Tut mir leid, Marjorie, ich habe keinen Appetit."

„Kann ich Dir etwas bringen, Suppe und Wasser."

„Ich hab noch Wasser, danke, aber vielleicht wäre etwas Suppe gut, danke." Ich hatte zwar keinen Appetit, doch sie war so fürsorglich, dass ich sie nicht enttäuschen wollte.

Einige Stunden später klopfte es wieder und sie brachte mir Suppe und Wasser. Sie schaute mich besorgt an.

„Morgen früh komme ich wieder, okay? Schlaf gut, Esther."

Ich verbrachte eine schlechte Nacht und am Morgen war sie wieder wie versprochen da. Sie wollte am Mittag wieder vorbeischauen und das tat sie auch.

„Du musst zu einem Arzt für einen Malariatest. Ich schicke einen Fahrer, der Dich zu einem Arzt ganz in der Nähe bringt."

Das Wort Malaria registrierte ich ganz weit weg und hörte mich sagen: „Natürlich – es könnte Malaria sein. Die Symptome sind sehr ähnlich." Ein Arzt aus unserer Gemeinschaftspraxis hatte sich in Afrika mit Malaria angesteckt und erzählte mir oft davon. Auch heute noch bekam er von Zeit zu Zeit Anfälle. Er hatte mir auch die drei Malaria-Tabletten verschrieben, die man einnimmt, wenn die Diagnose steht – das sei eine bessere Vorsorge, als wochenlang Malariatabletten einzunehmen, die für die Leber sehr schädlich seien, vor allem wenn man bereits vorbelastet sei mit all den nötigen Impfungen gegen Gelbfieber, Hepatitis A und B etc. Es waren dieselben Symptome, die Ruth eine Woche zuvor hatte – bestand da ein Zusammenhang?

Ein junger Thai holte mich mit seinem Motorrad ab – Autos hatte es kaum auf dieser Insel. Gut fühlte ich mich ja nicht gerade, um bei ihm aufzusteigen, doch Marjorie versicherte mir, dass ich dies tun müsse. Wir fuhren vielleicht zehn Minuten, was mir wie eine Ewigkeit vorkam; ich wollte nur zurück in mein Zimmer. Wir erreichten eine Krankenstelle. Eine ältere Frau mit einer weissen Schürze schaute mich an, untersuchte mich aber nicht, nachdem mein Fahrer ihr meine Symptome geschildert hatte. Sie wollte nur meinen Finger, stach etwas unsanft rein und entnahm einen Tropfen Blut, den sie auf einer kleinen Platte verstrich. Dies sollte der „dicke Blutstropfen" sein, den man braucht, um Malaria zu diagnostizieren. Doch sie konnte den Test nicht machen, ich musste aufs Festland. Auch sie vermutete Malaria.

Ich war froh, wieder in meinem Zimmer zu sein, und begann meine Situation zu überdenken. Die drei Malaria-Tabletten sollten genommen werden, sobald die Diagnose steht. Doch ich hatte keine Diagnose, sondern nur eine Vermutung. Bis ich auf dem Festland wäre, hätte es schon zu spät sein können. Ich war ganz und gar nicht in einem Zustand, zu reisen, und musste eine Entscheidung treffen. Ich wollte kein Risiko mit Komplikationen bei dieser Krankheit eingehen und schluckte die drei Tabletten. Marjorie sah regelmässig nach mir, brachte Suppe und Wasser, doch konnte ich nichts anrühren. Sie war sehr besorgt um mich. Ich verlor völlig das Zeitgefühl, war bettgebunden und das Fieber blieb über 40 Grad Celsius. Ich hatte starke Gelenkschmerzen und fühlte mich unheimlich schwach. Ob nun die Malariatabletten dazu beigetragen hatten oder nicht, darüber kann ich nur Vermutungen anstellen. Tatsache war, dass sich mein Gesundheitszustand drastisch verschlechterte. Einmal musste ich auf die Toilette (ging ja nicht mehr, trank auch nichts!), stieg aus dem Bett, doch meine Beine knickten einfach ein! Ich hatte keine Kontrolle mehr über sie und kroch auf allen Vieren ins Badezimmer. Ich schaffte es zurück ins Bett, versuchte etwas Wasser zu trinken, doch ich brachte einfach nichts über meine Lippen, die mittlerweile trocken und blutig aufgesprungen waren. Trotz meiner enormen Erschöpfung war mein Geist völlig klar, überhaupt nicht vom Fieber gedämpft und ich fühlte mich eigenartig ruhig und gelassen. Meine Gedanken kreisten ums Sterben und ich dachte so: "Sterben ist doch gar nicht so schlimm! Ich kann ja nichts mehr verlieren." Trotz den starken Gliederschmerzen war ich plötzlich weit weg, als ob mein Geist von meinem Körper getrennt wäre. Dann geschah etwas Eigenartiges: Ich fühlte mich auf einmal so leicht. Es war ein schwebendes, herrliches Gefühl, denn ich spürte weder Schmerzen noch Schwäche. Doch hatte ich Angst, die Augen zu öffnen. „Bin ich tot oder träume ich?" Dann wagte ich es doch, die Augen aufzumachen. Ich konnte in alle Richtungen sehen, war schwerelos und spürte meinen Körper nicht. Ich merkte zwar, dass mein Bewusstsein „an der Decke hing", doch wusste ich auch, dass ich ohne Probleme einfach durch die Decke hätte hindurchschweben können. Ich schaute nach unten und sah jemanden in einem Bett liegen. Wer war das? Ich erkannte den Körper einer Frau, der sich nicht bewegte. Bei genauerem Hinschauen bekam ich einen Schreck, doch schien mir der nicht sehr nahe zu gehen: „Das bin ja ich!" Ich sah auf meinen Körper hinab und empfand Mitleid für ihn, fühlte aber einen tiefen Frieden in mir. Ich war zwar verwirrt darüber, was hier vorging, doch hatte ich keine Angst mehr. Ich war neugierig darauf, durch die Decke zu schweben, um zu sehen, was da war, doch plötzlich kam mir ein Gedanke, der mich innerlich zum Lachen brachte: „Hier in dieser Einöde soll ich sterben, kein Mensch weiss dass ich hier bin, keiner wird mich rechtzeitig finden, ich habe meine ganze Scheidung und das Trauma durchgemacht, um hier zu Grunde zu gehen? Nein, das ist nicht das, was Gott von mir erwartet, das ist nicht meine Bestimmung, das ist ein Scherz! Er will, dass ich lebe!" In demselben Moment riss mich eine enorme Kraft nach unten und ich fand mich wieder in meinem Körper. Ich spürte wieder Schwere, Schwäche und Schmerzen.

Ich hatte keine Zeit, über diese Begebenheit nachzudenken, denn es klopfte wieder an die Tür, Marjorie öffnete sie (ich schloss sie nicht mehr ab) und guckte rein: „Wir bringen Dich ins nächste

Krankenhaus." Sie zog mir die Kleider an und packte meinen Rucksack. Jeffrey kam herein, nahm meinen Rucksack und beide fassten unter meine Arme, da ich nicht selbständig gehen konnte. Sie brachten mich zu einem kleinen Boot, legten mich auf eine Bank und setzen sich neben mich.

Sie erzählten mir, dass ich drei Tage lang in meinem Zimmer gewesen sei und sie sich grosse Sorgen um mich gemacht hätten. Drei Tage lang! Ich konnte es kaum fassen. Immer noch fühlte ich mich weit weg, das Reden fiel mir schwer. Meine beiden Retter nahm ich zwar wahr, doch war mir da noch nicht bewusst, dass sie mir gerade das Leben gerettet hatten. Als ich so auf der Bank lag und in den blauen Himmel starrte, kamen mir wieder Gedanken über die eigenartige Erfahrung: „Ist mein Gesundheitszustand so schlecht, erlebte ich tatsächlich eine sogenannte ausserkörperliche Erfahrung. Bin ich dem Tod gerade noch entkommen?" Das Gefühl der Schwerelosigkeit und der tiefe Friede waren immer noch zu fühlen. Ich habe mich eigentlich nie vor dem Tod selbst gefürchtet, aber vor dem Sterben und den Schmerzen, denn ich bin nicht gerade tapfer. Jetzt weiss ich, dass die göttliche Liebe uns davor beschützt!

Krabi – fragwürdige Ärzte

Auf dem Festland angekommen, brachten mich meine beiden Engel zu einem Taxi und wir fuhren gleich ins Krankenhaus. Ich fühlte mich elend und wollte nur liegen. In der Notfallaufnahme war das Sitzen unmöglich, ich musste mich auf die Wartebank legen. Den Blutstropfen für den Malariatest übergab Marjorie dem Arzt. Dieser fragte, wann die Probe entnommen worden sei und erklärt ihr etwas, was wir nicht wissen konnten, nämlich dass der dicke Blutstropfen innerhalb von vierundzwanzig Stunden hätte analysiert werden müssen und somit nutzlos war. Marjorie erklärte dem Arzt, was sie über meinen Zustand wusste. Ich war irgendwo anders und bekam eigentlich nicht viel mit. Der Arzt legte mich auf ein Bett und entnahm Blut. Jetzt ging die Warterei für mehrere Stunden weiter. Nach einer ganzen Weile wurde Marjorie stutzig.

„Weshalb schauen die Schwestern und Ärzte ständig zu uns rüber?" Mühsam setzte ich mich auf und sah, wie die Schwestern mich anstarrten und den Kopf mitleidsvoll schüttelten. Sie machten ein Gesicht, als ob sie einen Geist sähen oder jemanden, der bald einer werden sollte. Durch mein Erlebnis wusste ich aber, dass meine Zeit noch nicht gekommen war. Der Arzt kam auf uns zu und erklärte: „Deine Blutplättchen (Thrombozyten) sind gefährlich tief, weshalb, weiss ich nicht, doch glaube ich, dass Du Dich mit Typhus angesteckt hast!" Ich war kein Arzt, doch konnte ich die Diagnose „tiefe Blutplättchen" und Typhus nicht miteinander verbinden. Klar war, dass sie mich loswerden wollten. Sie könnten mich nicht aufnehmen, ich solle nach Hause fahren, mich ausruhen, denn ich brauchte viel Ruhe, war die Ausrede. Sie konnten und wollten nichts für mich tun, nicht einmal Medikamente wurden verabreicht und ich erhielt auch keinerlei weitere Informationen, was ich weiter tun sollte.

Was nun? Marjorie und Jeffrey buchten in einem sauberen, dreistöckigen Hotel zwei Zimmer und begleiteten mich auf mein Zimmer. Sie bestellten mir etwas zu essen, doch brachte ich absolut nichts runter. Ich schlief erschöpft ein. Die beiden sahen regelmässig nach mir und am dritten Tag fühlte ich mich wesentlich besser und konnte sogar etwas Toast und Suppe essen. Ich erfuhr, dass sie nirgendwo hingefahren waren, weil sie nicht zu weit von mir weg sein wollten.

Ich realisierte, wieviel ich ihnen zu verdanken hatte, mein Leben, und fühlte mich sehr schuldig, dass ich ihre Ferien verpatzt hatte, was sie nicht so sahen. Sie waren wirkliche Engel in Menschengestalt, und das hätten wir damals für Ruth sein sollen!

Am vierten Tag ging es mir noch etwas besser und ich versicherte ihnen, dass ich sie bis zum Abend nicht brauchte, sondern dass sie den Tag irgendwo geniessen sollten. Sie wollten mich nicht alleine lassen, doch nach einer Weile konnte ich sie dann doch umstimmen und sie buchten einen Tagesausflug zu einer nahe gelegenen Insel. Ich versprach ihnen, dass ich auf meinem Zimmer bleiben und etwas mehr essen würde.

Am nächsten Morgen bestellte ich eine Reissuppe, doch irgendetwas stimmte mit mir nicht. Obwohl ich Appetit verspürte, fühlte ich mich nicht in der Lage zu essen. Wann hörte das endlich auf? So konnte es doch nicht weitergehen! Meine beiden Engel waren nicht hier und ich musste eine Entscheidung treffen. Ein gutes Krankenhaus brauchte ich jetzt, mit Ärzten, die wussten, was zu tun war. In Thailand hatte ich mein Vertrauen in die Medizin verloren. In Malaysia soll die Medizin ganz gut sein. Glücklicherweise hatte es im unteren Stock des Hotels ein Reisebüro. Der Mann dort war wirklich hilfsbereit, vor allem als er merkte, dass es mir nicht gut ging. Er tat, was er konnte, um mich noch am gleichen Tag nach Kuala Lumpur zu bringen. Er schaffte es tatsächlich, für mich den nächsten Bus zum Flughafen zu buchen, von wo in sechs Stunden ein Flug abgehen würde. Ich schrieb eine kleine Notiz an meine beiden Engel und bedankte mich für ihre Hilfe, erklärte ihnen, weshalb ich sie so abrupt verlassen musste. Ich bereute sehr, dass wir nie Adressen ausgetauscht hatten. Ohne sie wäre ich nicht mehr hier und werde es ihnen nie wirklich danken können, schade!

Der Kleinbus wartete mit anderen Gästen. Der Mann im Reisebüro erklärte meine Situation dem Fahrer, der mir eine Bank hinten zuwies, damit ich mich hinlegen konnte. Die anderen schauten mich neugierig an, hielten aber Abstand, vielleicht fürchteten sie, dass ich etwas Ansteckendes hätte. Die Fahrt war eine Katastrophe. Es ging über Stock und Stein und mir wurde übel. Wie lange wir unterwegs waren, konnte ich nicht sagen, für mich eine Ewigkeit. Am Flughafen endlich angelangt, fühlte ich mich wieder etwas besser. Der Fahrer nahm meinen Rucksack und brachte mich zum Check-in Schalter. Ich bedankte mich für seine Hilfe. Es war alles bereits bezahlt. Ich kam gut durch die Kontrollen und wartete, bis mein Flug aufgerufen wurde. Sitzen war nun einfacher und der Flug angenehm.

Malaysia - Krankenhausaufenthalt

In Kuala Lumpur angekommen, fühlte ich mich von Stunde zu Stunde stärker. Vielleicht war das nur ein momentaner Rückfall gewesen und ich war nun in Ordnung. Ich beschloss, noch etwas mit dem Krankenhaus abzuwarten und buchte in einem Fünf-Sterne-Hotel. Ich konnte nun wieder normal essen und war froh, dass endlich alles vorbei war und ich mich auf meine weitere Reise konzentrieren konnte. Mein Weg sollte über Indonesien und Sumatra führen. Ich nahm mir vor, am nächsten Tag ein Reisebüro zu finden und einen Direktflug nach Perth zu buchen oder wenigstens direkte Anschlüsse zu bekommen, damit ich nicht unterwegs eine Nacht verbringen müsste.

In der folgenden Nacht weckten mich nadelartige Schmerzen in meinen Beinen. Es fühlte sich an, als ob Tausende von Ameisen auf ihnen herumliefen! Meine Panik von damals mit den Kakerlaken kam wieder hoch, doch in einer Grossstadt wie Kuala Lumpur, in einem Luxus Hotel, war das doch gar nicht möglich. Ich machte das Licht an und sah keine Ameisen auf meinen Beinen, was ich sah, schockierte mich und löste Panik in mir aus. Beide Beine waren blutrot. Ich kannte dieses Problem aus der Medizin, man nennt dies in der Fachsprache Petechien (punktförmige Blutungen unter der Haut). Die Schmerzen waren unerträglich, dennoch wollte ich bis zum Morgen warten. An der Rezeption fragte ich nach einem Arzt und ein Taxi fuhr mich ein paar Minuten später dorthin. Ein sehr netter Arzt, mittleren Alters, begrüsste mich und hörte sich meine Geschichte an. In Malaysia konnte fast jeder Englisch, was die Kommunikation natürlich wesentlich einfacher machte. Er untersuchte mich kurz und meinte:

„Du musst zur Beobachtung ins Krankenhaus, denn ich vermute, dass Du am hämorrhagischen Dengue-Fieber leidest, was fatal enden kann wegen der hohen Gefahr von inneren Blutungen." Hier nun endlich eine seriöse Diagnose, also nicht Typhus, was ich auch nie glaubte. Ich war völlig einverstanden, in ein Krankenhaus zu gehen, denn irgendwie traute ich der ganzen Sache nicht mehr und wollte keine Komplikationen riskieren.

„Welches Krankenhaus schlagen Sie vor?"

„Du kannst in eine Privatklinik, wo die Ausländer normalerweise hingehen, da die meisten eine Versicherung haben." Ich hatte eine sehr gute Privatversicherung, die bestimmt bezahlen würde. „Persönlich finde ich aber, dass die Touristen an diesen Orten ausgenommen werden und da das Universitätsspital von Kuala Lumpur nur zehn Minuten zu Fuss entfernt ist und sie dort über exzellente Ärzte und Schwestern verfügen, wäre dies die bessere Lösung." Ich nahm seinen Rat an, bedankte mich bei ihm und wollte bezahlen. Er zeigte in die Richtung, die mich geradewegs zum Krankenhaus führen würde und meinte, ich könne es nicht verfehlen. Er verweigerte meine Zahlung, sondern betonte, dass ich jetzt sofort dorthin gehen müsse. Gibt es so etwas noch auf dieser Welt, Ärzte, die nicht bezahlt werden möchten, obwohl ich jeder Forderung nachgekommen wäre?

Ich machte mich sogleich auf den Weg und erkannte das Krankenhauszeichen bereits von Weitem. Je näher ich kam, desto mehr realisierte ich, wie riesig dieser Komplex war. Der Weg führte durch einen wunderschönen, grünen Park mit riesigen Bäumen direkt zur Aufnahmestation. In der Halle waren Bänke mit wartenden Malaysiern, die alle anders aussahen. Ich stellte mich bei der Aufnahme an, musste meinen Namen und die Passnummer angeben und einen sehr kleinen Betrag zahlen. Ich wartete mit den vielen Einheimischen auf einen Arzt. Es ging erstaunlicherweise nicht lange, bis mich eine Ärztin in ihre Obhut nahm. Sie sprach ausgezeichnetes Englisch und als ich ihr das Überweisungsschreiben des Arztes gab, nahm sie eine Blutdruckmanschette und legte sie um meinen Arm. Sie wollte nicht meinen Blutdruck messen, sondern schaute einfach auf meine Haut. Nichts veränderte sich auf meinem Arm.

„Normalerweise wird der Arm unter Druck rot, wenn es hämorrhagisches Fieber wäre."

„Heisst das, dass ich es vielleicht nicht habe?"

Sie schaute auf meine Beine.

„Du bist kein typischer Fall, dennoch blutest Du unter der Haut, was uns zeigt, dass zu wenig Blutplättchen vorhanden sind und die Gefahr von inneren Blutungen besteht. Wir müssen Dich zur Überwachung hier behalten."

Das war etwas schockierend, denn bis zu dem Zeitpunkt war mir nie der Gedanke gekommen, dass ich stationär liegen müsste. Vielleicht zur Überwachung für einen Tag – aber länger? Ich folgte ihr auf die Station im oberen Stock. Der Saal war riesig und ich zählte fünf Reihen mit je zehn Betten, was fünfzig Patientinnen machte.

Alle Betten schienen belegt zu sein. Die Ärztin stellte mich einem jungen Arzt vor, der mich all diesen Reihen entlang führte in ein Privatzimmer mit zwei Betten, wo bereits eine ältere Malaysierin lag. Hier durfte ich bleiben. Er nahm mir gleich noch Blut ab.

„Wenn die Diagnose stimmt, sind die Blutplättchenwerte tief. Wir müssen jeden Tag diese testen, um zu sehen, ob dein Körper sie schnell genug wieder produziert. Es besteht die Gefahr von inneren Blutungen und die Sterbensrate liegt da bei 30 %, meist Kinder und alte Menschen oder Leute mit einem schwachen Immunsystem. Im Notfall müssen wir Dir eine Bluttransfusion geben. Was mich aber erstaunt, ist, dass Du als Ausländerin diese Krankheit bekommen hast, normalerweise befällt sie nur Einheimische. Ausländer leiden nur an dem Sieben-Tage-Dengue-Fieber, ausgelöst durch den Stich einer infizierten Mücke, Aedes Aegypti genannt, das mit hohem Fieber, Unwohlsein, Kopf- und Gliederschmerzen verbunden ist, aber nach sieben Tagen ohne Nebenwirkungen wieder abklingt. Erst eine Zweitansteckung hat diese fatalen Folgen."

Ich erinnerte mich an die Zeit in Kolumbien, als ich erst Fünfzehn war. Wir verbrachten eine Woche im Amazonasdschungel mit einheimischen Indianern. Damals ging es mir mal für ein paar Tage bei hohem Fieber sehr schlecht, doch die Indianer gaben mir irgendwelche Kräuter zu trinken und ich erholte mich sehr rasch. Konnte es sein, dass der Amazonas diese Mücke auch beheimatet und ich von einer gestochen worden war? Eine andere Möglichkeit gab es gar nicht, ausser vielleicht, dass ich hier in Thailand zweimal gestochen worden war, einmal damals mit Ruth und dann das zweite Mal in Ko Phi Phi. Doch war dies möglich? Das war es wohl, was Ruth hatte, einfach nicht hämorrhagisch. Dann musste sie mittlerweile wieder gesund sein. Wieviele von uns haben sich wohl mit dieser Krankheit infiziert?

Ich nahm den ärztlichen Ratschlag an, im Krankenhaus zu bleiben, doch musste ich den Arzt überzeugen, mich für ein paar Stunden rauszulassen, damit ich mein teures Hotel abrechnen und in einer Rucksackunterkunft buchen konnte. Er gab mir die Erlaubnis und ein Taxi brachte mich zum Hotel. Ich fand eine günstigere Bleibe und erklärte dem Inhaber, dass ich für ein paar Tage ins Krankenhaus zur Überwachung müsste, und das schien in Ordnung zu sein.

Zurück in der Krankenstation, kam mein Arzt sogleich auf mich zu.

„Ich bin überrascht, dass Du zurückgekommen bist. Normalerweise bleiben Ausländer nicht hier, sondern gehen in eine Privatklinik." Das konnte ich mir gut vorstellen, denn für westliche Ausländer ist so eine Station vermutlich ein Schock. Als gelernte Krankenschwester schaute ich natürlich auf andere Dinge, wie Sauberkeit und Professionalität, und dies war hier völlig in Ordnung. Die Ärzte waren alle sehr freundlich, einfühlsam, professionell und sprachgewandt. Dies war eine einmalige Chance für mich, eine völlig andere Kultur kennen zu lernen und zu studieren, wie diese Leute mit Gesundheit und Krankheit umgehen. Ich fühlte mich eigentlich nicht mehr schlecht und die Beine schmerzten auch nicht mehr so stark, was es mir die nächsten Tage etwas schwierig machte, im Bett zu verbringen. Ich musste einfach lernen zu entspannen und abzuwarten, bis ich entlassen werden konnte. Meine zehn Tage Meditation halfen hier nun bestimmt!

Da ich für ein paar Stunden weg gewesen war, war mein Bett im Privatzimmer vergeben worden und es blieb mir nur ein einziges Bett im grossen Saal in der ersten Reihe. Es war nicht mal lang genug für mich und ich bin nicht gerade eine Riesin! Die Matratze war in der Mitte stark gewölbt und wenn ich mich hinlegte, störte dies ungemein. Neben mir stand ein Nachttisch mit drei Schubladen aus Holz. Auf der rechten Seite gaben mir die riesigen Fenster, die konstant offen waren, eine wunderschöne Sicht auf den Park. Die Ventilatoren an der Decke sorgten für angenehme Kühle. Am Ende des Saales lag der Waschraum mit sauberen Toiletten und Duschen. Obwohl ich nur ab und zu kontrolliert werden musste, wie Blutdruck- und Fiebermessen alle zwei Stunden – eine Infusion brauchte ich glücklicherweise nicht, da ich nun genug Flüssigkeit zu mir nehmen konnte –, gesellten sich die Schwestern und Ärzte in jeder freien Minute zu mir und fragten mich über unsere Krankenhäuser und unsere Medizin aus. Sie waren hocherfreut und sehr stolz, dass ich ihre Arbeit respektierte und sie als Professionelle schätzte. Alle sprachen ausgezeichnetes Englisch, das in Malaysia gesprochen wird, da die Bevölkerung von verschiedener Herkunft ist. Auf der Station sah ich in jedem Bett ein andersartiges Gesicht, doch alle waren sie Malaysier. Die moslemischen Frauen (inklusive die Ärztinnen) trugen die typische Kopfbedeckung, doch waren sie sonst nicht verschleiert. Sie alle hatten ihre eigenen Sitten und Gebräuche und diese brachten sie auch mit ins Krankenhaus. Meine Mitpatientinnen hatten Mitleid mit mir, weil meine Familie nicht hier war und sie lächelten mich immer wieder freundlich an. Diese Menschen hier sprachen kein Englisch, sondern eine Sprache, die ich nicht verstehen konnte. Sie offerierten mir von dem Essen, das Familienangehörige ihnen mitbrachten. Das Krankenhausessen bestand jeden Tag aus gekochtem Fisch und Reis und schmeckte abscheulich.

Obwohl in einem Raum fünfzig kranke Frauen lagen, einige davon schwer krank, war die Stimmung ruhig und gelassen. Es herrschte hier eine Art weibliche Solidarität. Die Krankenschwestern und Ärzte waren Tag und Nacht auf der Abteilung und hatten ihre Arbeitstische etwas weiter hinten.

Eine Frau in meiner Reihe wurde mit ihrem Bett in die Mitte geschoben und die Schwestern stellten Paravents um sie herum auf, um ihre Privatsphäre zu respektieren, was oft nicht mal in europäischen Krankenhäusern geschieht! Ärzte und Schwestern waren bei ihr, es wurde nur geflüstert und nach einer Weile wurden die Paravents wieder entfernt und ihr Bett zurückgeschoben. Es gab also keine Untersuchungszimmer, sondern alles geschah auf der Station. Am späteren Nachmittag hörte ich plötzlich Patientinnen weiter hinten laut rufen. Die Mediziner kamen herbei, nicht in grosser Eile, wie das bei uns der Fall wäre. Den Rufen entsprechend, war es aber etwas Ernsthaftes. Das Ganze lief effektiv im Zeitlupentempo ab, niemand hetzte (damit meine ich nicht, dass sie schlenderten, sie liessen alles liegen und gingen sofort zu den Rufenden, rannten aber nicht), es gab kein Geschrei, keine Hektik.

Ich konnte von meinem Bett aus sehen, dass sie alle Apparaturen dort hatten, um die Frau wiederzubeleben. Für ihre Privatsphäre blieb da keine Zeit und wir alle schauten zu. Es herrschte eine Totenstille, man hörte nur die Ärzte den Schwestern Anweisungen in Englisch geben. Nach etwa zehn Minuten sahen wir, wie die Apparaturen entfernt wurden und man der Frau ein weisses Tuch über Kopf und Körper legte und sie wegbrachte. Keine der Patientinnen stand von ihrem Bett auf, um neugierig zuzusehen. Doch sah ich viele beten, entsprechend ihrer eigenen Religion. Mich faszinierte, wie sie mit dem Tod umgingen. Die Krankenschwester, die sich zu mir setzte, lehrte mich eine wichtige Lektion:

„Geburt und Tod sehen die Leute hier als einen völlig normalen Kreislauf an. Wir tun, was wir können, doch es liegt in Gottes Händen, nicht in unseren, was geschieht. Wir sind nur die Instrumente, um vielleicht ein Leben zu retten, doch Er entscheidet, ob ihre Zeit gekommen ist oder noch nicht. Wir respektieren den Tod, er gehört zum täglichen Leben wie auch die Geburt. Alle hier Anwesenden, die dem beigewohnt haben, beten, dass Gott ihr gnädig sei und sie bei sich aufnehme. Ob das nun Buddhisten, Christen oder Moslems sind, im Grunde glauben sie alle an ein Leben danach, in welcher Form auch immer." Ich war zutiefst bewegt über diese Worte und staunte über die Sachlichkeit, mit der sie über Leben und Tod sprach. Ich glaube, hier könnte unsere westliche Medizin etwas lernen.

Die Krankenhäuser in Europa sind heute sterile, unpersönliche Gebäude mit gestressten Ärzten und Schwestern/Pflegern. Sie haben kaum mehr Zeit, sich ihren Patienten zu widmen, alles geht schon automatisch und wir verlassen uns zu sehr auf Maschinen. Wenn mal eine Schwester länger mit einem Patienten spricht, wird sie gleich kritisiert, dass sie ihre Arbeit nicht mache. Doch gerade das tut sie, denn sich den Patienten zu widmen, ihnen zuzuhören, ist genauso wichtig, wenn nicht mehr, um ihre Genesung anzukurbeln.

Da die Ärzte und Schwestern hier ständig auf der Station sind, gehen sie immer wieder durch die Reihen und sprechen mit ihren Patientinnen. Somit haben sie stets Einsicht in den momentanen Zustand ihrer Patientinnen. Und da auch alle Apparaturen, wie der „Crash-Cart", bereits auf der Station sind, kann die Hilfe viel schneller sein als in europäischen Ländern, auch wenn das Personal nicht rennt. Bei uns liegen die Patienten in Ein-, Zwei- oder Vierbettzimmern. Während meiner Ausbildung arbeitete ich noch in Siebenbettzimmern und wenn ich das miteinander vergleiche, komme ich heute zur Überzeugung, dass viele Patienten sich wohler fühlen, wenn sie mit anderen zusammen sind. Das Personal hätte einen viel besseren Überblick über das Geschehen in einem Saal und in einem Notfall würde auch alles viel schneller gehen. Sterbende Menschen kommen bei uns in Einzelzimmer, damit Mitpatienten den nahenden Tod nicht sehen müssen, und somit setzt sich nie jemand damit auseinander. Weshalb? Weil wir wohl alle Angst vor dem Tod haben, obwohl wir das wirklich nicht brauchten (doch das ist wohl eine Glaubensfrage).

Jeden Tag wurde mir Blut entnommen und nach inneren Blutungen geschaut. Am dritten Tag erklärte mir der Arzt, dass mein Körper wieder Blutplättchen produzierte und ich keine Bluttransfusion brauchte. Das hätte mir dann doch ganz schön auf dem Magen gelegen, denn ich war mir überhaupt nicht so sicher, ob ich Bluttransfusionen aus diesem Land angenommen hätte, wo ich sie nicht mal im Westen mit ruhigem Gewissen akzeptieren könnte. Der Arzt riet mir, meine Reise abzubrechen, denn ich brauchte nun viel Ruhe, damit sich mein Körper von der Strapaze erholen könne.

Alle Patientinnen winkten mir zu, als Ärzte und Krankenschwestern mich verabschiedeten. Obwohl ich nicht mal ein Buch dabei hatte und eigentlich nichts getan hatte als herumzuliegen, war die Zeit rasch vorbeigegangen. Ich fühlte mich von meinen Mitpatientinnen akzeptiert und respektiert. Wir waren wie eine grosse Familie. Wie es wohl in einem Ausländerkrankenhaus gewesen wäre? Ich bereute meine Entscheidung jedenfalls nicht. Bei der Rezeption musste ich mich auch abmelden und erwartete eine riesige Rechnung, doch sie sagten mir, dass ich ihnen nichts schulden würde, Ausländer würden in Malaysia als Gäste angesehen und müssten nichts bezahlen. Wo gibt es denn heute noch so was! Ich fühlte mich recht gut, etwas unsicher noch auf den Beinen, wohl weil ich inaktiv gewesen war. Die Röte in meinen Beinen war fast abgeklungen.

Die Zeit im Krankenhaus hatte mich reifen lassen, vermutlich brachte mich auch der Schock durch diese Krankheit zur Vernunft und ich fühlte mich sehr schuldig, dass ich niemandem meinen Krankenhausaufenthalt mitgeteilt hatte. Meine Eltern hätten jedoch schlimm gelitten, deshalb rief ich sie erst an, als es mir wieder besser ging. Sie wollten, dass ich zurückkehre, doch da war ich stur (dafür bin ich bekannt!). Ich wollte einfach nicht in die Schweiz zurück. Doch nahm ich den Rat des Arztes ernst. Ich überlegte, wie ich wohl am schnellsten nach Australien reisen konnte. In Melbourne hatte ich Freunde, die mich erwarteten, aber eben nicht so früh. Wieder zurück im Hotel, fragte mich der Inhaber, wie es mir gehe.

„Sehr gut, alles ist in Ordnung."

„Vor ein paar Wochen logierte hier ein junges Mädchen. Sie wurde krank und war für eine Woche im Bett. Andere haben sich bei ihr angesteckt und wir hatten fast eine Epidemie hier." Worauf wollte er hinaus?

„Ich kann das Risiko nicht mehr eingehen. Du kannst hier nicht bleiben, tut mir leid."

„Meine Krankheit ist aber nicht ansteckend und ich bin geheilt!"

„Es geht wirklich nicht."

Somit hatte ich keine andere Wahl, als meine Sachen zu packen und mir eine andere Bleibe zu suchen. Ich hätte mir gerne Kuala Lumpur angesehen, doch die Energie dazu fehlte mir. Ich suchte das nächste Reisebüro auf, das mir helfen sollte, auf dem schnellsten Weg nach Australien zu kommen. Leider erfuhr ich, dass mein Rundticket nicht geändert werden konnte, ausser ich würde einen enormen Betrag für einen Direktflug bezahlen. Somit blieb mir nichts anderes übrig, als über Medan (Sumatra) via Jakarta (Indonesien) nach Perth (Australien), wie mein Ticket ausgestellt wurde, zu reisen. Weshalb ich in der Schweiz Sumatra ausgesucht hatte, war mir nicht mehr so klar. Das moslemische

Land litt immer unter politischen Unruhen und war keine Gegend für eine alleinreisende Frau! Deshalb buchte ich so, dass ich gleich in Medan ins nächste Flugzeug nach Jakarta umsteigen konnte.

Sumatra – alles geht schief, oder vielleicht nicht?

Der Flug von Kuala Lumpur nach Medan verlief ohne Probleme. Doch der Kulturschock von einem modernen, klimatisierten Flughafen auf einen kleinen, unsauberen war doch arg. Ich stieg aus dem Flugzeug und die Hitze schwächte mich umgehend, ich war wohl doch noch nicht so fit, wie ich glaubte. Auf den Schildern und im Wirrwarr von Menschen suchte ich nach meiner Verbindung nach Jakarta. Der Flughafen war in einem sehr schlechten Zustand und die Flugzeuge sahen auch nicht gerade sicher aus. Ich fragte einen Mann, ob er wisse, wo das Flugzeug nach Jakarta abfliege und er zeigte auf ein altes Vier-Propeller-Flugzeug, das gerade vom Boden abhob! Das war mein Flugzeug! Ich konnte es nicht fassen und war den Tränen nahe. Mein Flugzeug aus Thailand war nicht verspätet, sondern dieses hier flog einfach früher ab, ohne den Verbindungsflug abzuwarten.

„Wann geht denn das nächste?"

„Morgen!", teilte er mir freundlich in relativ gutem Englisch mit.

Nun, ich hatte mein Flugzeug verpasst und somit fiel auch mein Ticket dahin. Hier konnte man nicht mit Rechtsansprüchen kommen! Ich musste wohl sehr verloren und ängstlich ausgesehen haben, denn der Mann, der mir diese Informationen gab, hatte offensichtlich Mitleid mit mir.

„Ich kann Dir helfen, morgen neues Ticket kaufen. In der Stadt bei Freund." Was konnte ich schon tun, als ihm zu vertrauen? Er war der einzige Mensch in dieser Männerwelt (weit und breit war kein weibliches Wesen sichtbar), der offenbar auch gut englisch sprach. Wieder einmal appellierte ich an meine Schutzengel (von denen muss ich wohl viele haben!) und an Gott, bei mir zu bleiben. Ich glaube, wenn ich nicht diese innere Zuversicht gehabt hätte, dass ich tatsächlich von einer magischen Kraft beschützt wurde, hätte ich schon längst aufgegeben. Hier brauchte ich diesen Glauben noch viel mehr, denn nun war ich diesem Mann völlig ausgeliefert.

„Ich fahre Dich zu Hotel und hole Dich morgen früh ab, okay?" Er ging kurz weg und kam mit einem Moped zurück. „Steig auf und halt fest." Mit meinem schweren Rucksack auf meinem Rücken bestieg ich sein Moped. Er kurvte gewandt durch verkehrsreiche, laute Strassen, bis wir vor einer „Bruchbude" (anders konnte man diese Absteige wirklich nicht nennen), anhielten. Der Ort sah sehr mysteriös und unheimlich aus. Die Männer dort (immer noch keine Frau in Sicht!) starrten mich alle an und ich sah meinen neuen Beschützer die anderen anschreien. Er fuchtelte mit seinen Händen herum, als ob er ihnen sagen wollte: „Lasst sie ja in Ruhe." Sie kannten ihn offenbar gut und ich hoffte, dass er es wirklich ehrlich mit mir meinte. Er organisierte alles, bezahlen musste ich nichts, und er brachte mich zu meinem „Schlafgemach", nicht mehr als eine Zelle mit einem Bett gegen die Wand, etwa 2 m auf 1.50. Es gab kein Fenster und ich konnte die Tür nicht verriegeln. Hier sollte ich die Nacht verbringen? Mein Beschützer (ich kannte nicht mal seinen Namen!) sah, dass mir überhaupt nicht wohl war.

„Du bist hier sicher, keine Angst haben. Komme morgen und gehen Ticket holen in Stadt." Ich musste ihm glauben, was sonst hätte ich in diesem männerorientierten Land tun können! Ich war ihm und dem ganzen Land ausgeliefert und war wütend über mich selbst, dass ich so eine stupide Reiseroute ausgewählt hatte!

Es war noch etwas zu früh zum Schlafen und ich wurde langsam hungrig. Hier zu bleiben, war mir zu unheimlich und auf der Strasse sah ich Leute und ein paar Essstände. Ein paar Touristen kamen mir entgegen. Dieses Mal machte ich den ersten Schritt und stellte mich vor. Gemeinsam gingen wir etwas essen. Sie waren auf dem Weg zu einer bekannten Insel, wo alle Touristen hingehen. Nach einem kleinen Spaziergang nach dem Essen setzten sie mich sicher vor meinem „Hotel" ab und ich verabschiedete mich von ihnen, bevor ich mich in meiner Zelle mit allem, was ich hatte, förmlich verbarrikadierte. Von Schlaf konnte keine Rede sein, meine Ohren lauschten die ganze Nacht auf Stimmen, die aber nie näher kamen. Spät in der Nacht hörte ich ein eigenartiges Rumpeln und laute Männerstimmen – meine Erinnerung an die Chinesen machte mich ängstlich –, doch glücklicherweise verstummten sie nach einer Weile und es blieb bis zum Tagesanbruch relativ ruhig. Ich fühlte mich todmüde, doch war ich froh, die Nacht hier ohne Probleme überstanden zu haben. Würde mein Beschützer sein Wort halten und mich abholen? Die Waschräume wagte ich nicht zu benutzen und somit ging ich gleich raus, um auf ihn zu warten. Keine fünf Minuten dort, sah ich ihn mit seinem Moped anfahren. Gott sei Dank! Ich stieg bei ihm auf und hoffte, dass er seine weiteren Versprechungen halten würde, nämlich mir ein neues Ticket zu verschaffen. Tatsächlich hielt er vor einem offiziellen Reisebüro an. Der Angestellte war sein Freund. Ich musste einen irren Preis für das Ticket bezahlen und bestimmt haben beide davon profitiert – doch ich war mir sicher, dass meine persönliche Sicherheit Vorrang hatte, dieses Land noch heute verlassen zu können. Er fuhr mich danach direkt wieder zum Flughafen.

Stolz erzählte er mir: „Ich arbeite auf Flughafen, alles wird gut, keine Angst." Er nahm seine Rolle als persönlicher Beschützer sehr ernst, denn ich merkte, dass jeder im Flughafen ihn kannte und er einen gewissen Respekt genoss. Er schleuste mich durch alle Posten inklusive Passkontrolle und lieferte mich direkt in der Abflugslounge ab, wünschte mir einen guten Flug und verabschiedete sich bei mir. Wahrhaftig war auch er ein menschlicher Schutzengel für mich, der sich vielleicht etwas Geld (vermutlich sehr viel für seine Verhältnisse) verdient hatte, aber das ging schon in Ordnung. Mir gegenüber war er stets respektvoll gewesen, hatte mich nie angefasst und dafür war ich dankbar. Mein Flug ging zwar erst spät abends, aber das war mir so egal. Hauptsache, ich war in Sicherheit.

Flug von Indonesien nach Perth – eine neue Bekanntschaft

Überglücklich bewegte ich mich zum Ausgang, als endlich mein Flug aufgerufen wurde. Es war ein moderner Airbus, das Geld hatte sich wirklich gelohnt. Während des Fluges kreisten meine Gedanken um die vergangenen Monate, seit ich die Schweiz verlassen hatte. Wie konnte ich so sehr die Kontrolle über mein Leben verlieren? Ich hatte keine Richtung, hatte beinahe mein Leben verloren und fühlte mich hoffnungslos allein und verlassen. Und da war die Angst vor der Zukunft. Wie sollte das Ganze nun weitergehen? Wenigstens hatte ich ein Ziel, und zwar meiner Abmachung mit meiner Freundin Georgia nachzukommen. Irgendwie gab mir das einen inneren Anstoss, nach vorne zu schauen.

In Jakarta angekommen, verblieb ich im Transit bis zu meinem Flug nach Perth in zwei Stunden. Der Flughafen war entgegen meinen Erwartungen hochmodern, wie ich es von Singapur und Hongkong kannte. Die Wartezeit verging schnell und schon sass ich im Flugzeug nach Perth. Fast hatte ich es geschafft! Meine Müdigkeit war nicht mehr so gross und ich fühlte mich fast wieder gesund. Ich suchte nach meinem Platz, leider in der Mitte, aber was soll's? Am Fenster sass bereits ein junger Mann und am Gang ein älterer Herr, der für mich aufstand. Das Flugzeug kam aus Singapur und war voll belegt. Der junge Mann, vielleicht Ende Zwanzig, nickte mir freundlich zu. Für sein Alter hatte er bereits schütteres Haar. Kaum hatte ich mich festgeschnallt, war das Flugzeug bereit zum Start. Kurz nach dem Take-off wandte sich der junge Mann mir zu.

„Hi, ich bin Sean (sprich Schoon). Woher kommst Du denn? Du warst doch sicherlich nicht alleine in diesem Land, oder?" Mein Blick verriet alles.

„Oh, mein Gott, was wolltest Du denn hier?" Und ich erklärte ihm meine Geschichte, wobei er interessiert zuhörte und nur dann und wann den Kopf schüttelte. Er merkte an meinem Akzent, woher ich war.

„Ich bin gebürtiger Ire, aber aufgewachsen in England, wo ich immer noch lebe. Du bist auch mit dem Rucksack unterwegs?" Ich merkte sehr rasch, dass dies kein Zufall sein konnte, sondern dass mir dieser Sean vom Himmel gesandt worden war, und ich war zutiefst dankbar dafür! Wir verstanden uns auf Anhieb und erzählten den ganzen Flug über von unseren Reisegeschichten.

Die Zeit verging so schnell, dass wir völlig überrascht die Ansage des Anfluges auf Perth wahrnahmen.

Kapitel 3 – Australien

Perth – eine fantastische Stadt

Es war erst vier Uhr morgens und der Flughafen schlief noch. Da gab es weder einen Kiosk, um den Durst zu stillen, noch Bus oder Taxi, und dies nun in einem fortschrittlichen westlich geprägten Land! Es blieb uns nichts anderes übrig, als es uns auf einer Wartebank bequem zu machen, um den Tagesbetrieb abzuwarten. Um sieben Uhr belebte sich das Gebäude und endlich sassen wir im Taxi. Todmüde sehnten wir uns nur nach einem Bett. Der Taxifahrer fuhr uns in eine Rucksackunterkunft ganz in der Nähe des Stadtkerns. Es fühlte sich gut an, wieder in einem „westlichen" Land zu sein mit einer Sprache, die ich immer besser sprechen und verstehen konnte. Die Unterkunft war klein, sauber und einfach eingerichtet, mit gemischten Schlafzimmern (Frauen und Männer) mit je sechs Betten, jeweils zwei übereinander. Unser Raum war völlig leer und somit konnten wir unsere Betten aussuchen. In der Dusche, die sich weiter hinten auf dem Gang befand, prickelte das heisse Wasser angenehm auf meiner Haut. Mein Körper war zwar sehr müde, doch fühlte er sich jetzt wieder frisch und sauber an. Sean und ich fielen sogleich in einen tiefen Schlaf. Es war immer noch relativ ruhig, als wir beide fast gleichzeitig aufwachten. Mein Magen knurrte, vielleicht war das der Grund.

„Sollen wir in die Stadt essen gehen?" Ihm ging es also genau gleich. Also fragten wir bei der Rezeption, in welche Richtung wir gehen müssten. Eine angenehm warme, leichte Brise kam uns entgegen, die mich wieder munter machte. Ich fühlte mich frei und wohl in meiner Haut, zum ersten Mal seit vielen Tagen. Rasch fanden wir die Strasse mit den für Australien typischen ethnischen Restaurants und wählten ein griechisches aus. Nach dem asiatischen Essen, das ich zwar liebe, freute ich mich nun doch auch auf europäische Kost. Wir bestellten ein griechisches Meze, ein Querschnitt durch die griechische Küche, alles auf etwa zwanzig kleinen Tellern serviert, und das war echt lecker! Für Sean war die griechische Küche etwas Neues und sie schmeckte ihm. Ich war so froh, Sean im Flugzeug kennengelernt zu haben, ansonsten wäre ich vermutlich etwas verloren gewesen. Ich verspürte kein Bedürfnis mehr, alleine zu reisen, wollte gute Gesellschaft und das Leben so richtig geniessen. Es tat gut, einen Mann an meiner Seite zu haben, auf den ich mich verlassen konnte und der mich auch beschützen würde, wenn es sein musste. So jemanden hätte ich in Asien gebraucht, doch war ich da den Männern gegenüber nicht gerade gut gesinnt!

Ohne dass wir darüber sprachen, war es für uns beide klar, dass wir zusammenbleiben und gemeinsam reisen würden. Wir hatten ja beide dasselbe Ziel, nämlich Melbourne. Nach dem Essen schlenderten wir durch die Stadt, die plötzlich lebendig geworden war, mit Strassenmusikanten und Essständen an jeder Ecke. Junge Menschen bevölkerten die Strassen, die Atmosphäre war sehr entspannt und die warme Meeresluft lockte die Menschen aus ihren Häusern. Als wir zur Herberge zurückkehrten, war es dort nicht mehr ruhig. Es hatte viele Neuankömmlinge gegeben und andere waren von ihren Tagesausflügen zurück. Unser Zimmer war nun voll belegt. Neben uns hatte ein junger Mann, etwa Mitte zwanzig, ein Bett belegt. Er kam sogleich auf uns zu und begrüsste uns euphorisch: „Hi, ich bin James und komme aus England?"

„Oh toll, ein Landsmann, woher bist Du?"

„Aus Brighton, und Du?"

„Aus London."

„Das ist Esther." Er schüttelte mir die Hand heftig und lächelte mich scharmant an. Er war eher klein, nur wenig grösser als ich, Sean sah riesig neben uns aus. Er war sehr redefreudig und lebendig, Sean eher ruhig und gelassen. Irgendwie blieb er bei uns hängen und wir wurden ein Trio. Seine Lebendigkeit riss uns einfach mit.

Am nächsten Tag gingen wir wieder ins griechische Restaurant zum Mittagessen, weil es uns dort so gefallen hatte. Es war relativ gross, wie eben griechische Tavernen sind, mit ganz einfachen Tischen und Stühlen, aber irgendwie viel Ambiance. James ging einfach auf Leute zu (da konnte ich sicherlich was von ihm lernen!) und verstand sich gleich mit dem Restaurantinhaber. James hatte gerade sein Kunststudium abgeschlossen und Australien war seine Auszeit, bevor er in England eine Anstellung suchen würde. Was Sean gelernt hatte, fand ich nie heraus; er sprach nicht viel über sich selbst und ich hatte ihn auch nie gefragt. James kam mit einem glücklichen Lachen an unseren Tisch zurück.

„Hey, morgen früh komme ich hier die Wand anmalen." Perplex schauten wir uns an und dann erzählte er uns, dass er nicht viel Geld habe und sich so seine Reise finanziere.

„Toll, wir werden Dich besuchen kommen, mal sehen, was Du so hinzaubern kannst", lachte Sean. Als wir am nächsten Tag James besuchten, war er bereits auf einer hohen Leiter und machte ein paar Farbkleckse hier und einige da. Die Wand war riesig und er sollte eine griechische Atmosphäre ins Restaurant reinbringen. Wir blieben ein paar Stunden, gingen aber dann die Stadt besichtigen und ein Museum besuchen. Am frühen Abend waren wir wieder zurück. Er stand immer noch auf der Leiter in T-Shirt und Shorts. Die Leitfarbe war ein griechisches Hellblau, noch konnte man nicht viel erkennen. James wusste aber sehr wohl, wie sein Bild aussehen würde, wenn es fertig war, doch verriet er es uns nicht. Innert nur drei Tagen verzauberte er die kalte weisse Wand in eine wunderschöne, griechische Idylle. Es sah sehr real aus und wir waren absolut fasziniert von seinem Meisterwerk.

„Fantastico", rief der Eigentümer, seine Arme zu James, der noch oben auf der Leiter stand, erhoben und in seine Hände klatschend, offensichtlich sehr zufrieden mit der Arbeit. James strahlte zufrieden und winkte uns von oben zu. Selbstsicher war er schon!

Die Tage in Perth vergingen schnell. Die Stadt zeigte sich als einen abwechslungsreichen und interessanten Ort, mit Musiklokalen für jeden Geschmack, Kultur wie Theater, Konzerte, Museen und Kunstgallerien. Die Menschen sind sehr entspannt, das Klima ist ausgeglichen und die Leute lieben es zu segeln. Die Stadt lockt vor allem junge Leute an. Alle Grosstädte Australiens sind von verschiedenen Völkergruppen besiedelt, und das war schon immer der Grund, weshalb Australien mich so anzog – immer schon liebte ich Orte, wo Leute aus allen Ecken der Welt herkommen und auch ihre Traditionen mitnehmen.

Es war an der Zeit, die Abreise zu klären. Ich genoss die Zeit mit den beiden, fühlte mich beschützt, sie respektierten mich und gaben mir das Gefühl, begehrt zu sein, etwas das ich dringend brauchte. Auch James wollte nach Melbourne und anstatt den Städtebus zu nehmen, der Nonstop durchfahren würde, beschloss ich, mit Sean und James mitzufahren. Die beiden hatten nämlich einen alten Wagen mit grosser Ladefläche gekauft, die wir notfalls zum Übernachten brauchen konnten. Wir suchten noch ein Mädchen, damit die Zahl aufging und die Kosten durch vier geteilt werden konnten. Wir fanden die zweiundzwanzig Jahre junge Joanne aus England, die auch alleine in Australien reiste. Sie war froh, uns gefunden zu haben.

Am nächsten Tag war alles gepackt und wir machten uns auf in Richtung Nullabor, fuhren aber zunächst der wunderschönen Küste, gesäumt von langen, weissen Sandstränden, entlang.

Nullabor

Nullabor – die längste und geradeste Wüstenstrasse, die ich je gesehen habe. Obwohl ich sie schon einmal vor ein paar Jahren von Melbourne aus befahren hatte, war mir die Tageshitze und Länge nicht mehr in Erinnerung. Kaum waren wir aus Perth und seinen Vororten raus, erstreckte sich vor uns eine Einöde, so weit das Auge reichte, die Strasse gerade und staubig. Wir waren ganz alleine. In Perth hatten wir eine Liste erhalten, was wir alles mitnehmen müssten für den Notfall: grosse Wasser- und Benzinbehälter, Autowerkzeug usw. Ein Walkie-Talkie wäre gut gewesen (mobile Telefone gab es damals noch nicht und die würden vermutlich auch heute dort nicht funktionieren), hatten wir aber nicht. Der Gedanke, in dieser Einöde zu stranden, war schon leicht beunruhigend. Vor allem wussten wir ja nicht, ob der Wagen wirklich in einem guten Zustand war, beide Männer waren keine Mechaniker! Wie lange konnte man in der Wüste ausharren, bis jemand vorbeikommen würde?

Die glühende Tageshitze brachte uns ins Schwitzen und die heisse Luft, die durch die geöffneten Fenster kam, war auch nicht gerade angenehm. Wir waren froh, als wir an eine Tankstelle gelangten, eine armselige Hütte, wo man Getränke und Fastfood erhielt. Die heisse Schokolade, auf die ich so Lust hatte, trotz der grossen Hitze, schmeckte abscheulich, machten sie diese doch anstatt mit Milch mit Wasser an – nichts für ein Milchlandkind! Wir fragten uns, wie die

Leute hier leben konnten. Wenn man Filme, wie „Crocodile Dundee" gesehen hat und nun solche Leute kennen lernt, versteht man, dass sie ein ganz spezieller Menschenschlag sind. Die Menschen hier sind stark naturverbunden und von rauem Aussehen, wohl wegen des Klimas und des harten Lebens. Die Leute treffen sich täglich in Pubs (und die gibt es auch im kleinsten Ort!) wie es die Engländer tun, denn dort spielt sich der Grossteil ihres Soziallebens ab. Diese Leute hier sind bekannt dafür, dass sie noch nach vielen Gläsern Bier kaum betrunken sind und regelmässig Ausländer (inklusive die trinkfesten Briten und Iren!) unter den Tisch trinken.

Kurz vor Sonnenuntergang erreichten wir ein kleines Hotel mit einem anliegenden Zeltplatz. Es war das einzige weit und breit und hatte nur wenige Zimmer, die alle vergeben waren, sodass sie uns eher unfreundlich abservierten. Es blieb uns nichts anderes übrig, als die erste Nacht im Wagen zu verbringen.

„James und ich legen die Vordersitze flach und Ihr beiden könnt es Euch hinten gemütlich machen", organisierte Sean gleich. Da die Nächte in der Wüste bitterkalt werden, rollten wir unsere Schlafsäcke aus und schliefen zwar etwas ungewohnt hart (doch sicherlich nicht härter als im Meditationslager), aber relativ gut. Kurz vor Sonnenaufgang wurde es noch kälter, doch sobald die Sonne über dem Horizont hervorkam, erwärmte sich alles überraschend schnell und wir setzten unsere Fahrt gleich nach dem Frühstück in der Morgenkühle fort.

Erst nach zehn langen Stunden, mit einer kurzen Rast, um uns zu bewegen, etwas zu essen und zum Fahrerwechsel, erreichten wir am späteren Nachmittag riesige Sanddünen. Erleichtert atmeten wir auf und waren dankbar, dass alles ohne Zwischenfälle gut gegangen war. Wir buchten ein Zimmer in einem kleinen Motel mit anliegendem Zeltplatz. Im Zimmer stand nur ein riesiges Bett (Queen Size), wo wir wohl alle Platz hatten, doch angenehm fand ich das nicht gerade, mit „fremden" Männern im gleichen Bett schlafen zu müssen.

James hatte die etwas nervende Angewohnheit, dass er sich ganz toll fand und mit jedem weiblichen Wesen flirtete. Da Joanne und ich ihn bereits gut kannten und uns nichts daraus machten, ignorierten wir ihn schlicht. Er war nicht gefährlich und da war ja noch Sean, falls er irgendwie Probleme machen würde. Sean lag ganz rechts, dann kam James, Joanne neben ihm und ich auf der linken Seite. Es war sehr dunkel im Zimmer und ich hörte Joanne murmeln: „Lass das, hör auf." Sie kam ständig zu mir rüber (wir hatten alle vier ganz gut Platz, ohne dass sich unsere Körper berührten!).

„Komm schon, sei nicht so", hörte ich James flüstern.

„Lass mich in Ruhe, ich bin nicht so!", schrie sie auf einmal. Sean machte das Licht an und James schaute uns entgeistert an. Er sah keine Schuld, für ihn war das normal, dass die Frauen ihn auch wollten. Sean ermahnte ihn und Joanne wurde immer ängstlicher.

„Ich kann nicht neben ihm schlafen", erklärte sie uns fast weinend. Es gab keine andere Möglichkeit, wenn wir noch irgendwie etwas schlafen wollten, als dass ich mich „opferte".

„Also, gut, ich lege mich neben Dich, aber wage ja nicht, mich nur einmal zu berühren", sagte ich mutig zu James, doch innerlich fühlte ich Angst und Unbehagen. Wie konnte ich neben einem fremden Mann schlafen?

„Spiesserin, ich will nur meinen Spass."

„Den kannst Du Dir später woanders holen, aber nicht hier", entgegnete ihm Sean und somit beruhigte sich die Situation. Er wagte nicht mich anzurühren, aber er war beleidigt. Irgendwann schliefen alle ein, mit Ausnahme von mir. Ich lag wie ein Stein steif im Bett, aus Angst, dass er nur schon seine Hand auf meine legen würde. Völlig gerädert wartete ich auf den Morgen und sprang als Erste aus dem Bett. James tat so, als ob nichts geschehen wäre und war sein normales Selbst, vergnügt, lustig und lebendig. Männer!

Adelaide – Déjà-vu?

Die Fahrt an der Küste entlang war umwerfend schön. Die Strasse verlief direkt am Meer, über steil abfallenden Klippen – die See preschte gegen die Felsen. Ab und zu stiegen wir auch aus und gingen lange, schmale Wege hinunter zum Meer, wo feine Sandstrände zum Sonnen und Barfuss-Laufen einluden. Völlig verzaubert standen wir dann so am Strand, ohne zu reden, einfach in die Ferne starrend und die kühle Meeresluft und den Sonnenschein auf uns einwirken lassen.

Adelaide. Ich finde, dass Australiens Grosstädte sich alle sehr ähnlich sind und immer noch einen starken englischen Einfluss haben. (Perth ist eher eine kleine Stadt, multikulturell, mit viel Leben und lockeren, zufrieden aussehenden Menschen.) Australien ist voll von Rucksackunterkünften, die alle preisgünstig und eigentlich sehr gut geführt sind, wobei eines wie das andere ist. Wir suchten uns eines dieser Hostels aus. Wir planten, nicht lange in Adelaide zu bleiben, höchstens zwei Tage, um uns einfach die Stadt anzusehen. Nach dem Einchecken fuhren wir in die Stadt und spazierten im Zentrum herum. Auf der linken Strassenseite sah James rote Lichter leuchten und steuerte geradewegs darauf zu, ohne uns irgendetwas zu erklären. Er flüsterte etwas zu Sean, der uns dann Richtung Café bewegte, wo wir herrlichen Kaffee und Kuchen genossen. Ich war neugierig, doch auch völlig naiv in der Hinsicht, was James an jener Örtlichkeit anziehen konnte. Abgesehen von den roten Lichtern hatte ich nichts gesehen, keine Anschrift. Sean schmunzelte, als ich ihn fragend ansah.

„Kannst Du es Dir wirklich nicht erklären? Er geht in ein Bordell." Er amüsierte sich köstlich, während mein Gesicht rot und heiss wurde. Ich starrte ihn völlig fassungslos an und er fand das total komisch.

„Offenbar kennst Du uns Männer sehr schlecht." Er zündete sich eine Zigarette an und konnte nicht aufhören zu lachen. Er schaute mich sehr lieb an und ich sah einen gewissen Respekt in seinen Augen. Ich glaube, er war noch nie einem dreissigjährigen Backfisch wie mir begegnet, der keine Ahnung von der männlichen Welt hatte. Meine Naivität zog ihn an, was mich verwirrte. Ich erwischte ihn oft dabei, wie er mich beobachtete. Es war mir unangenehm. Eine Stunde später gesellte sich James wieder zu uns – ein neuer Mensch. Er machte Witze, war viel entspannter und völlig anders. Ich staunte, was so etwas bewirken konnte!

Nach dem Abendessen in einem italienischen Restaurant, auf unserem Verdauungsspaziergang, sichtete Sean ein irisches Pub und musste einfach da rein. Ich war zuvor noch nie in Kontakt mit Iren gekommen und wollte auch nie Irland besuchen wegen des schlechten Wetters, wir hatten schon genug Regen! Ich kannte Irland nur von wenigen Bildern und hatte auch noch nie zuvor irische Musik gehört. Das Pub war voll, viele junge Menschen standen in Gruppen zusammen, alle mit einem Bier in ihrer Hand, und unterhielten sich angeregt miteinander. Die Musik war wunderschön und sie löste eigenartige Gefühle in mir aus. Starke Emotionen wie eine Art „Déjà-vu" und ein unbeschreibliches „Heimweh" bewegten mein Innerstes. Das war völlig verrückt und ich konnte es mir nicht erklären. Sean sah die Tränen auf meinen Wangen und schaute mich verwundert an: „Typisch irische Musik, schön, nicht wahr?" Ich wurde völlig von dieser Musik in Bann gezogen – und dann geschah wieder einmal etwas sehr Eigenartiges. Wie in Trance konnte ich bewusst alles um mich herum wahrnehmen – das Pub mit den vielen jungen Leuten, die zu den Liedern sangen und lachten oder tanzten –, während zwischen meinen Augen ein anderer Film ablief: Vor mir entfaltete sich eine wunderschöne, sattgrüne, hügelige Landschaft mit stark abfallenden Kliffen. Das Meer darunter war rau und preschte gegen die Felsen. Mein Herz wurde so schwer, dass ich eine unbegreifliche Sehnsucht danach empfand. Beide Bilder sah ich vor mir, das eine die Realität, das andere wie eine weit entfernte Erinnerung. Man könnte nun spekulieren, dass ich mir das alles nur eingebildet hätte, was vielleicht möglich wäre, was die Gegend betrifft, doch die Gefühle waren echt und ich weiss wirklich nicht, woher sie gekommen waren. Meine Vision hielt nur Sekunden an und dennoch schien es eine Ewigkeit. Lebte ich vor langer Zeit in Irland? Ich fühlte mich stark zu diesen Iren hingezogen. Ich erzählte niemandem davon, die hätten mich sonst für verrückt erklärt – was viele vermutlich jetzt tun!

Die Tage vergingen sehr rasch und die Beziehung zwischen mir und Sean wurde von Stunde zu Stunde intensiver. Er starrte mich manchmal über längere Zeit an und mir war unwohl dabei. Irgendwie fühlte ich mich aber von ihm angezogen, doch hatte ich keineswegs vor, mich in eine Liebesbeziehung einzulassen. Ich war nicht bereit dafür und konnte mir nicht vorstellen, mich je wieder in einen Mann zu verlieben. Sean verlor nie Worte darüber, fasste mich nie an und dennoch sah ich in seinen Augen, dass er für mich Gefühle hegte, doch kam von mir nichts und deshalb wurde er ziemlich nervig. Er begann dumme Bemerkungen zu machen und rauchte nun eine Zigarette nach der anderen. Mit romantischen, emotionalen Gefühlen konnte ich im Moment wirklich nicht umgehen! Ich musste aus dieser Situation raus und wollte nicht mehr mit ihnen zusammen weiterreisen.

Ich ging zum Busbahnhof und buchte kurzerhand eine Fahrt direkt nach Melbourne. Ich mochte mich nicht mit Sean auseinandersetzen und es war besser so für alle. Ich versuchte den ganzen Abend meine Freundin in Melbourne telefonisch vor meiner Ankunft zu warnen, doch sie war nicht zuhause. Am nächsten Morgen in der Früh schlich ich mich aus unserem Zimmer, um rechtzeitig die Busstation zu erreichen. Joanne wusste von meinem Plan, doch mit den anderen beiden konnte ich einfach nicht reden und somit überliess ich es ihr, ihnen die Neuigkeit mitzuteilen.

Melbourne – neue Heimat?

Ich war froh, endlich im Bus zu sitzen und meinen Problemen zu entfliehen. Ich fühlte mich wie erlöst. Die Fahrt nach Melbourne war sehr lange und ich hatte Zeit, meinen Gedanken nachzugehen, mit vielen Erinnerungen an Melbourne, die Stadt, die für mich Wahlheimat werden würde, falls ich bleiben durfte. Melbourne ist für mich wie eine Liebe auf den ersten Blick. Bei meinem ersten Besuch war ich erst zwanzig Jahre alt. Damals besuchte ich meinen ersten Freund, den ich ein halbes Jahr zuvor in Zypern kennengelernt hatte. In den drei Monaten in Australien lernte ich seine gesamte Familie kennen. Man stelle sich das Ganze vor wie in dem berühmten Film „My Big Fat Greek Wedding" und voilà, schon weiss man, wie sich das tägliche Leben dort abspielte. Genau so war es und ich liebte es! Meine eigene Familie ist klein, die meisten Verwandten lebten im damaligen Ostdeutschland und wir sahen sie kaum. Plötzlich in einer so riesigen Familie aufgenommen zu werden, war für mich überwältigend. Ich wurde überall hin eingeladen und musste auch überall essen, nicht gerade gut für die Figur! An einem der vielen Familienanlässe lernte ich Georgia kennen und vom ersten Moment an verstanden wir uns sehr gut. Die Freundschaft hielt über all die Jahre trotz der riesigen geographischen Distanz.

Georgia wurde in Australien geboren von Eltern zypriotischer Herkunft. Ihre Mutter wurde im Alter von etwa siebzehn Jahren von einem zypriotischen Bergdorf über den Seeweg nach Melbourne geschickt, da sie einem Zyprioten dort versprochen war. Ihre Schwester durfte bleiben und sie hat dies ihren Eltern nie verziehen. Die beiden sahen sich erst nach mehr als vierzig Jahren wieder, als sie zum ersten Mal wieder Zypern besuchte.

„Wo bleibt da die Liebe", hatte ich mich damals gefragt und war empört, wie man die Mädchen damals „verkaufte", denn eine Mitgift musste immer dabei sein. Nachdem ich aber dann auch noch andere solche Ehen kennengelernt hatte und sah, wie sehr sie sich respektierten und dass sie überhaupt nicht unglücklich aussahen, musste ich meine Meinung ändern. Heute zerfällt jede dritte Ehe, die aus Liebe getraut wurde, doch die „Versprochenen" sind auch heute noch zusammen und glücklich! Georgia wurde zypriotisch erzogen in einem Land, das damals viele Einwanderer hatte. Sie ging zur Universität und wurde Computeranalytikerin und -programmiererin, was damals für eine Frau eher unüblich war. Doch dann geschah das Undenkbare: Ihre Eltern wollten, dass sie einen Zyprioten heirate, doch sie war von dieser Idee überhaupt nicht beeindruckt. Sie war damals Mitte zwanzig und für zypriotische Verhältnisse weit über das heiratsfähige Alter hinaus. Georgia ist eine intelligente, aktive Frau, die sich nicht von alten Traditionen einwickeln lässt. Was tat sie? Sie packte ihre Sachen und zog nach England! Natürlich hatte ich absolut nichts dagegen, denn endlich konnten wir uns öfters sehen. Nach ein paar Jahren bekam sie Heimweh und wollte zurück. Sie hatte sich in ihren Kollegen John verliebt. Er wollte auch nach Australien und so beschlossen sie zu heiraten und Georgia schockierte ihre Familie, indem sie als verheiratete Frau mit einem ‚Nicht-Zyprioten oder Griechen' nach Australien zurückkehrte. Um die Familie etwas zu beschwichtigen, heirateten sie in der katholischen Kirche (nicht wie im Film, wo Ian griechisch-orthodox wird!).

Der Bus hielt für eine kurze Pause. Wieder im Bus musste ich weitere Stunden mit Nichtstun verbringen und meine Gedanken schwelgten wieder in der Vergangenheit. Ja, Melbourne, da wollte ich schon immer leben! Ich sah die alten Züge quietschend in Victoria Station einfahren und war direkt in der Geschäftsgegend mit den vielen hohen, modernen Gebäuden, vermischt mit alten Häusern viktorianischer Architektur. Dazwischen fahren Trams, die mich immer an meine Heimat erinnern. Ich liebte es, durch die Strasse mit den griechischen Take-aways zu spazieren. Die griechische Küche hat mir immer gut geschmeckt und die hausgemachten Caramelpuddings waren meine grosse Schwäche!
Es war bereits dunkel, als wir um zehn Uhr am Melbourne Busterminal einfuhren. Ich war müde, doch auch irgendwie erlöst, dass ich endlich hier war. War dies mein Endziel, meine Bestimmung? Eine gewisse Euphorie erfasste mich und ich fühlte mich zuhause. Erst jetzt konnte ich Georgia telefonisch erreichen und für sie war klar, dass mich John gleich abholen würde, obwohl sie mindestens dreissig Minuten entfernt wohnten. So ist sie eben, sie tut alles für jeden! Eine halbe Stunde später nahm mich John in seine Arme. Georgia wartete bereits auf mich, als John in die Strasse eindrehte. Sie rannte auf mich zu, umarmte und küsste mich. Wir waren überglücklich. Sie war gerade fertig, das Zimmer für mich herzurichten, und auch das war für sie völlig selbstverständlich, nicht aber für mich! Wer nahm schon die Freundin ins Haus auf für so

viele Monate?! Ich erhielt sogar ein eigenes Zimmer, etwas weg von ihnen, und somit hatten wir alle unsere Privatsphäre, ich sogar mit eigener Dusche und Toilette – ein wirklicher Luxus!

Georgia fand sofort eine Arbeitsstelle und somit wurde ich zur Nanny. Anfangs hatte ihre Tochter Jennifer selbstverständlich Ablösungsprobleme. Wenn ihre Mutter morgens das Haus verliess und ihre Tochter bereits im Bettchen stand und „Mama" rief, um aufgenommen zu werden, schlich sie sich am Zimmer vorbei, damit sie nicht bemerkt wurde. Ihr Herz war schwer, ihre Tochter morgens nicht in die Arme nehmen und den ganzen Tag bei ihr sein zu können. Beide weinten die ersten Tage. Es brauchte eine Woche, bis eine gewisse Ruhe eingekehrt war und Jenny mich als Ersatzmutter akzeptierte. Für mich war das auch nicht einfach, da ich wirklich keine Ahnung von Kleinkindern hatte, und hoffte auf weibliche Intuition. Jenny fasste aber rasch Vertrauen zu mir und wir wurden gute Freunde. Georgia blühte in ihrer Arbeit auf und sie fühlte sich nicht mehr so schuldig. Ich denke, dass viele Frauen, vor allem gut ausgebildete, die ihren Beruf lieben, hin- und hergerissen sind, nur Mutter und Hausfrau oder ganz berufstätig zu sein. Man fühlt sich schuldig, überhaupt daran zu denken, wieder arbeiten zu wollen und das Kind in einen Hort zu geben. Georgia hat wohl eine bessere Lösung gefunden, die für alle stimmte.

Mein 30. Geburtstag, normalerweise ein Festtag, doch ich hatte gemischte Gefühle. Mit dreissig schon geschieden, alleine, keine Zukunftsperspektive! Um mich etwas aufzuheitern, organisierte meine Freundin ihren Mann als Babysitter für Jenny. Sie führte mich in ein hübsches Restaurant aus und wir verbrachten einen schönen Abend. Sie versicherte mir, dass alles wieder besser werden würde. Ich hoffte, sie habe Recht. Ich konnte einfach noch keine positive Zukunft für mich sehen.

Zwischenzeitlich erhielt ich einen überraschenden Telefonanruf von Joanne, die mich nochmals sehen wollte, bevor sie zurück nach England fliegen würde. Sie waren in Melbourne angekommen und wohnten in der Nähe der Piers. Ich besuchte sie am nächsten Tag. Überglücklich umarmte sie mich und begann zu erzählen: „Sean war wütend, als er erfuhr, dass Du abgehauen bist. Er ist seither sehr ruhig. Ich glaube, der hat sich in Dich verliebt. Wir haben noch ein anderes Mädchen in Adelaide aufgenommen, damit es keine Probleme geben würde mit James. Sie ist aber nicht wie wir. Kannst Du Dir vorstellen: Kaum waren wir hier in Melbourne, fand ich sie gestern mit James im Bett und heute mit Sean! Das ekelt mich an, so etwas ... Ich bin froh, dass ich sie morgen verlassen kann. Es war toll, als Du noch bei uns warst, doch mit ihr wurde es blöd." Wir spazierten Richtung Hostel und James sah uns bereits von weither. Er rannte gleich auf mich los und umarmte mich. Sean wartete beim Eingang. Wir standen uns gegenüber und schauten uns in die Augen: Ja, da war ein Funke, aber das war dann auch alles. Er umarmte mich und bemerkte, wie gut ich aussähe. Die Konversation blieb aber kurz und bündig und wir wünschten uns gegenseitig eine gute Rückreise und alles Gute. Mehr gab es nicht zu sagen. Es war das Ende eines Lebensabschnitts. Ich war dankbar, dass ich Sean auf dem Flug von Jakarta nach Perth kennengelernt hatte, und für die Zeit, die wir miteinander verbringen durften. Es würden für immer gute Erinnerungen bleiben. Adressen hatten wir nie ausgetauscht. Ich blieb nur kurz und nahm Joanne noch in ein Café mit, bis ich mich auch von ihr verabschiedete.

An meinen Freitagen fuhr ich meistens mit dem Zug nach Melbourne hinein, stöberte durch die Einkaufsstrassen. Mein Interesse an Naturheilkunde wuchs von Tag zu Tag und ich erkundigte mich nach Schulen, da Australien schon viel fortschrittlicher in alternativen Heilmethoden war, als andere Länder. Ich besuchte einen Einführungskurs in Naturheilkunde und machte mit Georgia einen Kurs in Fussreflexzonenmassage, ein herrliches Gefühl. Am Ende des Tages schwebten wir förmlich wie auf Wolken, konnten unsere Füsse kaum spüren, dabei war die Massage ganz schön schmerzhaft!

Im Verlaufe der Monate versuchten viele Menschen, für mich Wege zu finden, damit ich in Australien bleiben könnte, doch irgendwie wollte einfach nichts so recht klappen. Auch ein Besuch bei der Immigrationsbehörde brachte mich nicht weiter; ich hätte nicht genügend Punkte und leider wären Krankenschwestern im Moment nicht gesucht. Die Tatsache, dass ich nicht in Australien bleiben konnte, machte mich betrübt. Wo sollte ich nur hin? Ich glaubte fest an mein Schicksal und dass es einen richtigen Zeitpunkt für alles gebe; deshalb akzeptierte ich schweren Herzens, nicht nach Australien zu gehören, dass mein Platz woanders war, aber wo???

Eines Morgens bemerkte ich beim Haare-Bürsten, dass mehr Haare als sonst in der Bürste hängen blieben. Jeden Tag wurden es mehr und ich konnte mir durch die Haare fahren und hatte büschelweise davon in meiner Hand. Das war ein ganz schöner Schock – was geschah da mit mir? Ich konnte sie nur zu einem Zopf zusammenbinden, da meine Kopfhaut gut sichtbar war – 50 % meiner Haare waren ausgefallen! Der Arzt, den ich aufsuchte, machte ein Blutbild, das in Ordnung war. Er kannte sich mit dem hämorrhagischen Denguefieber nicht aus und musste sich in seinem Buch über tropische Krankheiten informieren.

„Die einzige Vermutung, die ich habe, ist, was ich schon einige Male beobachtet habe, dass Menschen unter Schockerlebnissen, meist durch schwere Krankheit verursacht, Haare verlieren. Nebenwirkungen durch die Malariamittel, die Sie eingenommen hatten, könnten auch damit zu tun haben. Es gibt nichts, was ich für Sie tun kann. Sie müssen einfach darauf hoffen, dass sich Ihr Zustand bessern wird."

Tatsächlich wuchsen die Haare mit der Zeit nach. Ich sah aus wie ein Küken mit Flaum auf dem Kopf – was zwar sehr komisch aussah, mich aber überglücklich machte.

Mein halbjähriges Visum war bald abgelaufen und ich musste ausreisen. Da Neuseeland so nahe war und ich auch dort eine gute Freundin hatte, wollte ich diese Gelegenheit nicht verpassen und buchte einen Flug nach Auckland. Nach Neuseeland zu emigrieren habe ich nie in Betracht gezogen, weshalb weiss ich eigentlich auch nicht, denn Neuseeland ist sicherlich weltweit eines der schönsten und abwechslungsreichsten Länder, aber so wahnsinnig weit weg. Die Zeit des Abschieds war gekommen, doch da ich einen Rückflug nach Melbourne gebucht hatte (darüber, wie ich die Einreise bewerkstelligen sollte, machte ich mir noch gar keine Gedanken!), nahm ich nur das Wichtigste mit und konnte den Rest bei Georgia lassen. Jenny hatte bereits begonnen, ein paar Tage die Woche in einem Kinderhort zu verbringen, und sie freute sich immer darauf, mit anderen Kindern spielen zu können.

Kapitel 4 – Neuseeland

Auckland – ein Wiedersehen

Meine Freundin Lucy lebte seit einigen Jahren in Auckland. Sie kam als Flugbegleiterin für Austrian Airlines (sie ist Österreicherin) nach Neuseeland und verliebte sich sofort in diese Insel. Sie beschloss zu bleiben. Ich kannte Lucy eigentlich gar nicht gut und auch nicht sehr lange. Wir hatten uns durch unsere Mütter in Zürich kennengelernt, als Lucy sie in der Schweiz besucht hatte. Für uns schien die Begegnung wie ein Wiedersehen zu sein – wir kannten uns! Es war, als ob wir uns endlich nach langer, langer Zeit wiedergefunden hätten. Wir konnten es beide nicht fassen und die Gefühle waren extrem stark. Wir verbrachten nur zwei Tage miteinander!

Sie erblickte mich zuerst und winkte mir glücklich zu. Es war Mitte September, Frühlingsbeginn auf dieser Seite der Welt, und die kühle Luft fühlte sich frisch und belebend an. Lucy hatte eine sehr kleine Wohnung in einem Halbkellergeschoss, was dunkel und unfreundlich war, doch hatte sie nicht viel Geld, studierte nebst ihrer Arbeitsstelle noch – ihr reichte es aus. Dass ich bei ihr wohnen durfte, war unheimlich nett. Eine graue Katze begrüsste Lucy, ignorierte mich aber.

„Sie ist mir zugelaufen, sie ist sehr eifersüchtig", warnte sie mich. Ich selbst wuchs nur mit Hamstern, Meerschweinchen und Vögeln auf, wir hatten nie einen Hund oder eine Katze. Eigenartig, dass Katzen eifersüchtig sein können, doch sollte ich sehr bald eine Kostprobe davon bekommen.

Am nächsten Morgen verliess Lucy das Haus bereits um sechs Uhr früh. Ich nahm beim Erwachen einen ganz üblen Geruch wahr. Mir wurde halb schlecht davon, doch meine Nase musste dem Geruch folgen, um ihn zu identifizieren und zu beheben. Mein Bett stand an einer Seitenwand mit einem Fenster hoch über mir. Von dort kam der Geruch und bei genauerem Nachschauen sah ich dann, wer der Übeltäter war – die Katze! Sie hatte ihr Geschäft dort oben auf dem Sims gemacht, offenbar um mich wortwörtlich aus dem Haus zu ekeln. In den folgenden drei Tagen wiederholte sich das jeden Morgen, mir lag der Geruch jeweils den ganzen Tag in der Nase. Glücklicherweise beruhigte sich die Katze nach einer Weile, doch Freunde wurden wir nie, obwohl ich sie jeden Tag fütterte!

Ich hatte noch keine Pläne und schaute mir zuerst einfach die Stadt Auckland an. Ich liebte es, jeden Tag durch die Läden zu stöbern und am Meer entlang zu laufen. In keinem anderen Land hatte ich bisher so viele Geschäfte gesehen, die sich um Esoterik drehten, wie heilende Steine, Kristalle, Bücher, und es gab an jeder Strassenecke Wahrsager, Handleserinnen, Reiki und was eben alles in dieses Gebiet gehört. Ich hatte kein Interesse, diese aufzusuchen, doch Bücher und Kristalle interessierten mich sehr und ich war in einem wahren Kaufrausch. Wie ich all diese Dinge transportieren sollte, wenn ich wieder abreisen würde, berücksichtigte ich überhaupt nicht! Die Neuseeländer lieben es, zu segeln, und an den Wochenenden wimmelt es an der Küste nur so von Segelbooten. Mir gefiel Auckland sehr gut, doch die Lebenskosten waren hoch und die Löhne tief. Deshalb versuchten viele junge Leute, in Australien Arbeit zu finden. Leider gab es auch hier nicht genügend Stellen für Krankenschwestern oder besser gesagt, diese wurden ausgenutzt, schlecht bezahlt und die Stellen nie voll besetzt. Was das heisst, weiss jede Krankenschwester – die Arbeitslast ist zu gross und die Patienten werden nicht gut genug versorgt, was beide Parteien unzufrieden stellt.

Die Insel Waiheke – Bekanntschaft mit einer Maorifamilie

Lucy musste jeden Tag arbeiten, deshalb beschloss ich, für ein paar Tage die nahegelegende Insel Waiheke zu besuchen. Waiheke kann leicht mit der Fähre erreicht werden. Sie ist bekannt für ihre langen Sandstrände. Allerdings ist es immer relativ kalt und sehr windig, nichts mit Sonnenbaden! Eine gute Windjacke ist hier sehr wichtig, dann hält man es aus. Zuvor kaufte ich mir „Lonely Planet Neuseeland", ein empfohlenes Buch für Rucksackreisende, in der Hoffnung, dass es besser war als meine anderen Südostasienbücher – ich sollte nicht enttäuscht werden! Ich fand jedenfalls das niedliche Hekerua-Haus, inmitten von Wäldern, sehr gemütlich eingerichtet. Es war kaum belegt. Zwei Männer, ein Maori und ein etwa fünfzigjähriger Journalist, der die Nase voll hatte vom hektischen Leben, waren Langzeitgäste. Mit ihnen verstand ich mich auf Anhieb und da sie die Insel gut kannten und ihnen eine Abwechslung gut tat, offerierten sie mir, die Insel zu zeigen. Am nächsten Tag gegen Mittag fuhren wir mit dem Auto an wunderschöne Sandbuchten, gesäumt von dichten Wäldern und Hügeln, so weit das Auge reichte. Oft mussten wir zu Fuss zum Strand gehen, da die Strasse einfach zu schlecht war. Am Nachmittag, als wir langsam müde wurden und etwas unterkühlt waren vom kalten Wind, hielten wir bei einem kleinen, auf Balken erbauten

Holzhaus an, das ganz einsam an einem Waldhang stand – keine Nachbarn, keine Stromleitungen.

„Wir möchten Dich einer maorischen Familie vorstellen, Freunde von uns, die wir schon eine Weile nicht mehr gesehen haben und denen wir Hallo sagen möchten." Ich platze nicht gerne unvorangemeldet irgendwo rein, doch schien dies hier normal zu sein. Eine Maorin, etwa Mitte fünfzig, öffnete uns die Tür. Sie war klein und pummelig mit grossen dunklen Augen und krausem, schwarzen Haar. Das Gesicht war sehr rundlich und strahlte eine mütterliche Wärme aus. Sie strahlte übers ganze Gesicht, als sie ihren Besuch sah, umarmte uns warmherzig und führte uns in ihr bescheidenes Heim.

„Hier leben acht Menschen unter einem Dach, auf kleinstem Raum. Der Mann und die älteren Kinder gehen jeden Tag nach Auckland zur Arbeit. Sie sind die glücklichsten Menschen, wie ich sie nicht oft antreffe, obwohl sie so arm sind. Sie klagen nie, wir sind immer willkommen und sie sind zufrieden mit ihrem Leben", erklärte mir Brian, der Journalist, während die Frau mit seinem Freund redete. Wir sassen in der Küche an einem runden Holztisch, der gerade acht Leuten Platz bot. Durch ein grosses Fenster hatte man den Blick zum offenen Meer, gut sichtbar trotz der hohen Bäume. Es erinnerte mich etwas an Hänsel und Gretel und das Knusperhäuschen im Walde!

Uns wurde Tee und Kuchen serviert. Die Kinder sprachen ihre Mutter respektvoll an und waren leise, wenn sie mit uns redete. Diese Frau kannte vermutlich nur diese Insel und Auckland, sicherlich war sie noch nie ausser Landes. Sie strahlte eine sanfte Weisheit und Mütterlichkeit aus und ihre Augen hatten einen offenen, liebenden Blick. Ich fühlte mich fast beschämt in ihrer Gegenwart. Für sie musste ich ein Mensch aus einer anderen Welt sein, einem Land, das sie nie erreichen würde, mit einer Ausbildung, die sie nie haben könnte. Doch wer war hier arm – sie oder ich? Die Armut war nicht wichtig für sie, in ihrem Gesicht war zu lesen, dass sie genau wusste, was der Sinn der Lebens ist, und das ist sicherlich nicht, Geld, Ruhm, Macht nachzurennen oder in andere Länder reisen. Sie hatte alles, was sie sich wünschte, etwas, das wir in unserer Welt suchen und nicht finden können, denn wir finden es nur in uns selbst und nicht ausserhalb von uns. Brian war auch fasziniert von dieser Familie. Wir blieben vielleicht zwei Stunden, doch bevor wir gehen konnten, musste sie uns unbedingt den restlichen Kuchen einpacken. Diese Geste abzuschlagen, wäre eine Verletzung für sie gewesen und somit bedankte ich mich höflich für die Gastfreundschaft und wurde wieder wärmstens umarmt und geküsst. Oh, mir fehlte meine Mutter so sehr! Wie lange hatte mich niemand mehr so umarmt.

Brian, der „Aussteiger-Journalist", wie er sich selbst nannte, war eine interessante Persönlichkeit. Durch seinen Beruf war er über vieles informiert und man konnte mit ihm über Gott und die Welt reden. Abends waren wir immer alle zusammen, kochten etwas gemeinsam und sassen dann vor dem Kaminfeuer und hatten Gespräche, wie ich sie schon lange nicht mehr mit Menschen führte. Oft spielte Brian auf seiner Gitarre und sang neuseeländische Lieder. Wir waren wie eine kleine Familie und fühlten uns alle wohl. Keine Frage, Brian mochte das einfache Leben im Moment, aber für wie lange? Durch die Gespräche merkte ich sehr bald, dass Brian mit Leib und Seele Journalist war, doch hatte er so genug, über Dinge zu schreiben, an denen er kein Interesse hatte. Er wollte nicht über Tratsch oder politische Manipulationen und Lügen schreiben. Er wollte ein ernsthafter Journalist sein und etwas in der Welt bewegen. Er wollte über positive Dinge schreiben, doch fand er einfach keine Arbeitsstelle, die ihm dies offerieren konnte. Ich fand es ganz in Ordnung, sich eine Auszeit zu nehmen, um sich selbst zu finden und herauszufinden, was man vom Leben erwartet, daran war ich ja gerade selbst! Jedoch glaube ich auch, dass wir alle eine Aufgabe auf dieser Welt haben und diese so gut wie möglich zu erfüllen versuchen sollten. Brian hatte einen Traum und dieser Traum könnte Wirklichkeit werden, wenn er mutig darauf zugehen würde.

Die Tage vergingen rasch und ich musste zu Lucy zurück, sie hatte am Wochenende frei und das wollte ich mit ihr verbringen. Unsere Gespräche mussten Brian einen Denkanstoss gegeben haben, denn am Tag meiner Abreise erklärte er mir stolz, dass er sich entschieden hätte, wieder in die Welt zurückzukehren und seinen Journalistenberuf wieder aufzunehmen. Irgendwie war es schade, wegzugehen, doch wollte ich ja in den drei Monaten noch mehr von Neuseeland sehen.

Wieder zurück in Auckland zeigte mir Lucy die Stadt und deren Umgebung. Sie hatte ein kleines Auto und wir fuhren am Meer entlang zur „Seaworld". Der Glastunnel unter dem Meer gab einen direkten Einblick in die Vielfalt und Schönheit des Meeres und seiner Bewohner. Es war schon etwas unheimlich zu Beginn, durch diesen Tunnel zu gehen, die riesigen Haifische über mir schwimmen zu sehen, dennoch faszinierte mich diese Traumwelt.

In den darauf folgenden Tagen erkundigte ich mich nach verschiedenen Reiseangeboten für Rucksacktouristen und stellte fest, dass Neuseeland eines der bestorganisierten Länder für Leute mit niedrigem Budget war. Es gibt verschiedene Anbieter, die mit Bussen durch Neuseeland fuhren. Man steigt einfach ein und aus, wo man gerade will, kann so lange bleiben, wie man möchte, und geht dann weiter – toll! Ich entschied mich spontan für den Kiwi-Bus und buchte meine Rundreise.

Nordinsel – ein wunderschöner Fleck Erde

Man beginnt am besten gleich im Norden und reist dann die Westküste entlang wieder hinunter. Somit ging es hoch bis nach Kataia, einen kleinen Ort als Ausgangspunkt für den 90 Mile Beach und Cape Reinga, der nördlichste Punkt Neuseelands. Der fast leere Bus aus Auckland setzte mich vor einem Hostel ab. Nachdem ich eingecheckt hatte, machte ich noch einen Spaziergang an der Küste. Der Wind war bitterkalt, die Wolken hingen schwer am Himmel, die Küste war von hohen Palmen gesäumt. Von der dicht bevölkerten Stadt Auckland mit den vielen Vororten war ich geradewegs in kaum bewohnte Gegenden geraten. Der Höhenunterschied von Ebbe und Flut war hier enorm und ich nutzte die Ebbe, um wunderschöne Steine und Muscheln zu sammeln. Der Tag verging, ohne dass ich eine Menschenseele gesehen hätte. Ich liebte diese Einsamkeit und den kalten Wind auf meinem Gesicht. Am nächsten Morgen buchte ich den Tagestrip 90 Mile Beach und Cape Reinga. Der Bus war voll und ich staunte, wo all die Leute plötzlich herkamen. Einen längeren Strand als den 90 Mile Beach gibt es wohl nicht auf unserer Erde – endlos! Der weisse Sandstrand erstreckt sich, so weit das Auge reicht. Die Busse fuhren einfach auf dem Sand der ganzen Küste entlang, ohne festzusitzen, denn eine Strasse gab es nicht. Die Sonne schien den ganzen Tag, jedoch wehte ein sehr kühler Wind. Das spektakuläre Cape mit den umliegenden wunderschön grünen Hügeln nahmen mir den Atem (der starke Wind auch!). Der imposante Leuchtturm stand majestätisch auf dem Hügel und das raue Meer preschte gegen das Kliff, was ein ohrenbetäubendes Brausen erzeugte.

Von Kataia ging es am nächsten Tag runter nach Paihia, das wiederum eine Basis für umliegende Sehenswürdigkeiten ist. Ich nahm eine Fähre zu dem sehenswerten Russell. Vor meiner Weiterreise lernte ich eine Schweizerin, Barbara, kennen und wir sahen uns die Sehenswürdigkeiten zusammen an. Sie hatte die irre Idee, mit Pferden eine Halbtagestour zu unternehmen. Ich war noch nie in meinem Leben auf dem Rücken eines Pferdes gesessen und hatte riesigen Respekt vor diesen grossen, wunderschönen und intelligenten Tieren. Hier in Neuseeland gab es riesige Gehege mit diesen wunderbaren Tieren.

Meine Kollegin drängte mich: „Komm schon, es macht wirklich Spass, was kannst Du denn dabei verlieren?"

„Okay, probieren kann ich es ja mal."

Der Reittour-Anbieter fragte in die Runde: „Wer ist schon einmal auf einem Pferd geritten?" Meine Kollegin und eine andere Reisende hielten ihre Hände hoch.

„Und Du?" Ich schüttelte den Kopf.

„Na, dann haben wir gerade den richtigen Gaul für Dich. Sie ist lieb, sehr lethargisch und folgt einfach den anderen, ohne dass Du viel dazu tun musst." Das Pferd hatte einen starken, breiten Rücken und der Mann musste mir nach oben helfen. Er stellte meine Füsse in die Steigbügel und zeigte mir, wie die Zügel halten.

„Wenn Du willst, dass sie vorwärts geht, mach einen Klick-Ton mit Deiner Zunge, lass die Zügel locker und gib ihr einen Kick in die Flanken. Wenn Du anhalten möchtest, ruf ‚Brrrh!', zieh an den Zügeln und press Deine Schenkel fest gegen ihre Flanken." Eine leichte Sache fand ich, machte einen Versuch, doch sie wollte einfach nicht los!

„Du brauchst etwas mehr Kraft mit Deinen Beinen und drück Deine Hacken fest in ihre Flanken."

„Ich will ihr doch nicht wehtun!"

„Keine Angst, es tut ihr nicht weh. Probiere es nochmals." Ja, nun machte sie ein paar Schritte und wenn ich „Brrrh" rief und die Zügel anzog, stand sie still. So weit so gut, es konnte losgehen. Die anderen sassen auf ihren Pferden und waren bereit. Ich wurde in die Mitte genommen und mir wurde gesagt, dass das Pferd den anderen folgen würde, ohne dass ich viel dazutun müsse. Und so war es auch. Ohne dass ich etwas tat, lief sie einfach den anderen hinterher! Einfacher konnte es doch wirklich nicht sein! Es ging über wunderschöne, leicht hügelige, saftig grüne Wiesen, die mich irgendwie an Irland erinnerten, obwohl ich wie gesagt noch nie dort war! Vor uns tat sich plötzlich ein steiler Abhang auf, mit einem engen Pfad, gesäumt von struppigen Büschen beidseits. Die Erde war sehr nass und sumpfig. Da sollte ich auf dem Buckel dieses Pferdes runter? Ich konnte nichts anderes tun, als mich am Zaum festzuhalten, denn es folgte einfach den anderen. Krampfhaft hielt ich mich mit einer Hand am Pferd fest und versuchte, mit der anderen die Äste wegzudrücken, damit sie mir nicht ins Gesicht schlagen würden. Das war pure Akrobatik für mich, denn es ging sehr steil runter. Langsam wurde ich nervös und hoffte, dass ich nicht vom Pferd fallen würde.

Meine Beine versuchten so fest wie möglich meinen Körper auf dem Rücken des Pferdes stabil zu halten. Ich war heilfroh, als wir unten ankamen. Ich konnte wieder aufatmen, doch ich war bereits müde, absolut keine Fitness! Komisch, ich hatte immer gedacht, dass man auf einem Pferd reitet, um nicht müde zu werden, doch es ist ganz schön anstrengend, vor allem wenn man nicht daran gewöhnt ist. Ich hatte gehofft, dass wir bald am Ende der Tour sein würden, doch vor uns sah ich nun steilere Hügel. Würden wir tatsächlich da hochreiten oder ging es einfach im Flachen weiter? Bevor ich weiterdenken konnte, veränderten die beiden Pferde vor mir ihren Schritt und begannen zu traben, und zwar in Richtung der Hügel! Ich versuchte mit aller Kraft, mein Pferd ruhig zu halten, doch meine Kraft und mein „Brrrh" waren offenbar nicht genug, damit es auf mich reagierte. Es setzte zum Trab an, den anderen hinterher. Es trabte nicht lange, sondern galoppierte nun, um die anderen Pferde einzuholen. Ich versuchte krampfhaft, meinen Körper dem neuen Schritt anzupassen, doch hatte ich einfach keine Übung und war viel zu schwach. Panik ergriff mich und ich schrie um Hilfe. Ich hielt mich mit aller Kraft auf dem Rücken des Pferdes, doch die Angst sass tief, dass ich demnächst runterfallen würde. Unser Führer rief mir irgendetwas zu, doch ich verstand ihn nicht. Die Zeit schien stehen zu bleiben und ich wartete nur noch auf den Fall. Plötzlich sah ich eine Hand meine Zügel ergreifen und das Tier zum Anhalten zu bewegen. Unser Führer ritt neben mir und lehnte sich zu mir herüber. Er schaffte es, das Pferd zum Stillstand zu bringen. Das war wie in einem Film! Er konnte nicht verstehen, weshalb die anderen Pferde einfach losgingen, dass meines natürlich nachlief, war ihm schon klar.

Nach einer kleinen Verschnaufpause war ich froh, dass wir in zehn Minuten wieder bei unserem Ausgangspunkt anlangen würden, konnte es kaum abwarten, endlich absteigen zu können – aber wie?

Meine Beine waren schwer und schmerzten und es war mir unmöglich, mein Bein über den Rücken des Pferdes zu schwingen! Hilfe kam vom Führer. Die anderen schauten mich gespannt an, auf irgendetwas warteten die. Kaum stand ich auf meinen eigenen Beinen, knickten sie ein und ich konnte sie nicht zusammenhalten, sondern sie blieben im Abstand, wie sie auf dem Pferderücken gewesen waren. Jegliche Bewegung war schmerzhaft – und dann begannen alle sich krumm zu lachen! Ich lief wie eine alte Frau und hatte nicht viel Humor für diese Situation übrig. Erst nach einigen Stunden konnte ich mich wieder etwas besser bewegen. Den Muskelkater am nächsten Morgen werde ich nie vergessen. Nie mehr werde ich mich auf ein Pferd setzen. Nun ist mir auch klar, weshalb Reiterinnen so starke Beine und ein so prominentes Hinterteil besitzen (sorry, Reiterinnen!).

Barbara kam mit mir nach Auckland, wo ich nochmals ein paar Tage mit Lucy verbrachte, bevor ich weiter gen Süden reisen würde. Sie erzählte mir, dass sie jemanden beim Yoga kennen gelernt habe und es für beide Liebe auf den ersten Blick gewesen sei. Sie wollte ihn mir vorstellen, wenn ich von der Südinsel zurück wäre.

Waitomo – die Glühwürmchen-Tropfsteinhöhle

Der Bus in Auckland war voll mit Rucksackreisenden. Mein erster Stop: Waitomo, bekannt für seine Salzsteinhöhlen und Flüsse, die durch diese Höhlen führen. Waitomo heisst „in ein Loch fliessender Fluss". Die Tour in die Waitomo-Glühwürmchen-Höhle führte mich in eine wundersame unterirdische Welt, vorbei an riesigen Tropfsteinen bis zu einem unterirdischen Fluss, der aus dem Nichts erschien. Wir bestiegen ein kleines Boot, das flussabwärts fuhr, zunächst in völliger Dunkelheit. Wir durften nicht reden und auch keine Bilder machen. Plötzlich war die Höhle erleuchtet durch Millionen von Glühwürmchen, die umherschwirrten. Die Stille um uns herum war irgendwie gespenstisch, aber auch gleichzeitig mystisch und faszinierend. Ich war direkt enttäuscht, als wir die Helligkeit wieder erreichten.

Eine weitere Sehenswürdigkeit ist die Aranui-Höhle, die nur mittels „Black Water Rafting" besichtigt werden kann. Ich hatte nicht den Mut, mich in einer dunklen Höhle drei Stunden lang in einen Gummiring zu setzen, um irgendwann halb erfroren wieder ans Licht zu kommen. Man sagte mir aber, dass ich hier wirklich etwas verpasst hätte!

New Plymouth – wo einst der Vulkan
ein Dorf verschüttete

New Plymouth ist eine Stadt in der Taranaki-Region mit dem bekannten, riesigen Vulkanberg Mt. Egmont, der von den Maoris Taranaki genannt wird. Bei jeder Busfahrt lernte ich neue Reisende kennen. Ein ungeschriebenes Gesetz der Rucksacktouristen ist, dass man sich für ein paar Tage zusammenfindet, so lange man auf der gleichen Route ist, Ausflüge gemeinsam unternimmt und zusammen Essen geht. Ich hatte keine Probleme mehr, mit anderen in Kontakt zu kommen. Die meisten waren viel jünger als ich, doch hatte es immer wieder einige in meinem Alter. Das Alter spielte allerdings hier überhaupt keine Rolle, denn wir hatten alle dasselbe Ziel, nämlich frei von Zwängen zu sein, Spass zu haben und Abenteuer zu erleben. Und es machte keinen Unterschied, aus welcher Ecke man herkam. Streit gab es eigentlich ganz selten, denn wenn man so eng miteinander lebt, lernt jeder schnell eine Regel: Toleranz und Unvoreingenommenheit. Jeder ist unbekümmert und kann für eine Weile seine eigenen Probleme zuhause lassen, denn fast jeder „rennt" irgendwie von etwas weg. Es stellte sich heraus, dass die Jüngeren meist gerade ein Studium, eine Lehre oder den Armeedienst absolviert hatten und nochmals so richtig loslegen wollten, bevor der Ernst des Lebens sie einholen würde. Die Älteren hingegen waren oft auf der Suche nach dem Sinn des Lebens, betrieben Identitätsfindung, hatten ihre Stelle verloren oder standen vor einer beruflichen Neuorientierung oder hatten die Trennung aus langjährigen Beziehungen hinter sich.

Seit meiner Abreise aus der Heimat war ich eher eine Einsiedlerin, mochte nicht mit anderen reden, sondern brauchte die Zeit zur

Selbstfindung und inneren Ruhe. Hier in Neuseeland änderte sich alles. Ich musste aus meiner Isolation heraustreten und mit Leuten reden, mich anpassen, sonst hätte ich dieses wunderbare und einmalige Erlebnis als Rucksackreisende nicht erfahren können. Es gab kaum Getratsche oder Eifersüchteleien und dem Aussehen oder der Kleidung wurde erst recht keine Wichtigkeit beigemessen. Ich sah keine einzige Frau, die sich geschminkt oder jeden Tag ihre Haare gewaschen und gestylt hätte. Hier zählte der Mensch, und zwar so, wie er ist, und das war schon ein ganz tolles Erlebnis. Wenn alle Menschen dies einmal erleben dürften, könnten sie sich jedes Mal daran erinnern, wenn sie sich selbst, wieder in ihrer eigenen Welt, etwas zu wichtig nehmen, kritisch, eifersüchtig oder besitzergreifend werden. Doch das liegt dann an jedem selbst!

Von Napier nach Bay of Plenty bis Rotorua – wo die Erde noch kocht und bebt

Von New Plymouth nahm ich einen direkten Bus quer durch die Insel zur 52'000 Einwohner zählenden Kleinstadt Napier, einer wunderschönen Art-déco-Stadt, die 1931 durch ein Erdbeben fast vollständig zerstört worden war. Diese Stadt ist vor allem interessant für Architektur-Interessierte. In Napier lernte ich eine andere Schweizerin kennen, mit der ich dann zur Bay of Plenty weiterzog. In diese Bay kommen sehr viele Rucksackreisende, um sich etwas Geld zu verdienen, denn hier sind grosse Kiwiplantagen und die Bauern brauchen zur Erntezeit jede Hilfe, die sie bekommen können. Ich traf viele Reisende, die dort oben für ein paar Wochen arbeiteten. Sie fanden, es sei harte Arbeit, doch waren sie auch eine gute Erfahrung weiter.

Rotorua war für mich eine der eindrücklichsten und atemberaubendsten Gegenden der Welt. Rotorua ist hoch vulkanaktiv. Es leben dort über 50'000 Menschen, davon viele Maoris. Ich suchte mir ein Hostel aus, das mir gefiel, und machte Bekanntschaft mit anderen Rucksacktouristen. Wir besuchten das Museum, wo uns die katastrophale Tarawera-Eruption von 1886 in Bildern und Ausgrabungen vor Augen geführt wurde.

Am nächsten Tag fuhren wir nach Whakarewarewa (ja, so heisst es tatsächlich!), Rotoruas grösste und bekannteste Thermalzone. Es roch stark nach Schwefel, wie verdorbene Eier, ein Geruch, an den man sich nie gewöhnen kann. Wir wurden angewiesen, nie den markierten Pfad zu verlassen. Als kleine Abschreckung erzählte uns der Reiseleiter von zwei Japanern, die kürzlich diese Warnung nicht ernst genommen und sich ganz schwer die Füsse verbrannt hätten! Das reichte aus, uns auf dem Weg zu halten. Rund um uns herum waren Löcher mit sprudelndem, moorigem Wasser. Da hineinfallen sollte man nicht gerade! Geysire speien das heisse Wasser meterhoch in die Luft und der Pohutu Geysier ist einer der unberechenbarsten, der zwei bis neunmal am Tag kochend heisses Wasser bis zwanzig Meter in die Höhe spritzt. Wir hatten das Glück, dass es gerade geschah, und dieses Spektakel ging gut zwanzig Minuten lang. Es wurde immer heisser und der Schwefelgeruch begann bei manchem Übelkeit hervorzubringen. Es ging hoch und runter auf den rutschigen Steinen und wir waren froh, als wir das Ende des Rundgangs erreicht hatten. Ein faszinierender Ort trotzdem!

Am Abend wurden wir zu einem Touristenort gebracht, um die Lebensweise der Maori genauer kennen zu lernen. Es begann mit der Begrüssungszeremonie „hongi", die wirklich lustig war. Maori-Männer und -Frauen stellten sich in einer Reihe auf und wir begrüssten jeden und jede, indem wir unsere Nasenspitzen an den ihren rieben, etwas gewöhnungsbedürftig, denn der Körperkontakt ist schon viel näher, als wenn man jemanden nur die Hand schüttelt. Wir hatten alle grossen Spass und als dann die Männer ihren Kriegstanz „haka" aufführten, war das schon sehr eindrucksvoll und einschüchternd. Wenn man diesen völlig tätowierten Ureinwohnern so zuschaut und unsere Jungs die Bewegungen nachmachen mussten, wurde das ganze Spektakel noch lustiger – unsere Jungs waren echt gut! Als Highlight wurde uns anschliessend ihre Kochweise vorgeführt: Jedes Haus hat im Garten ein grosses Loch. In feuerfesten Körben werden ganze Hühnchen, Kartoffeln und Gemüse (meist Kürbis) gepackt und ins Loch gesenkt und dieses abgedeckt. Dann wartet man vier Stunden. Der Boden ist so heiss, dass alles langsam gart, ohne zu verbrennen, und den Geschmack der Erde annimmt. Wer es nicht versucht hat, kann es sich nicht vorstellen – anders und wirklich köstlich, sogar ganz ohne Salz!

Im Jahre 1886 brach wie gesagt der Vulkan Tarawera aus mit katastrophalen Konsequenzen. Mitten in der Nacht spie der Vulkan sechs Stunden lang Lava und Asche und bedeckte 8000 m². Das Maoridorf Te Wairoa war völlig zerstört, 153 Menschen wurden verschüttet. Durch diesen Ausbruch entstand der See Rotomahana. Heute ist Te Wairoa zum Teil ausgegraben. Man fand die Menschen im Lavagestein so vor, wie sie gestorben waren, in welcher Position auch immer sie sich gerade befanden. Sie hatten keine Chance, dieser Tragödie zu entfliehen, was mich schon sehr an Pompei erinnerte. Die Angst, die diese Menschen durchgestanden haben mussten, kann man kaum erahnen. Gekocht zu werden bei lebendigem Leibe muss ein schrecklicher Tod sein. Das ganze Dorf ist heute mit Moos überwachsen und trotz der Tragödie, schien eine Ruhe und Harmonie über diesem Dorf zu schweben.

Taupo

85 km südlich von Rotorua liegt Taupo, bekannt für Zuchtforellen. Grössere soll es auf der Welt nicht geben! Taupo liegt am gleichnamigen See, dem grössten Neuseelands. Viele gehen hierher zum Bungeejumping. Mir wurde schon schlecht vom Zuschauen! Das Hostel hier war sehr einladend und künstlerisch bemalt. Wieder lernte ich viele Reisende kennen, die meisten waren allein unterwegs wie ich. Wir taten uns zusammen, bis unsere Wege sich wieder schieden. Man trifft so viele unterschiedliche Menschen, dass man etwas verpasst, wenn man zu zweit reist, denn Paare oder Kleingruppen bleiben meist unter sich und machen nicht dieselben Erfahrungen wie Alleinreisende.

Weiter gen Süden, immer noch auf der Nordinsel – neue Bekanntschaft

Wieder im Kiwibus kamen wir in eine sehr einsame Gegend und dennoch hielt unser Bus an. Eine Haltestelle hier in dieser Einöde? Weit und breit waren keine Häuser zu sehen. Sechs Rucksackreisende stiegen aus und vier stiegen ein, zwei Frauen und zwei Männer. Einer der Männer nahm neben mir Platz. Wir kamen gleich ins Gespräch. Er hiess Simon, war Engländer, etwa Mitte zwanzig, mit schwarzen Haaren und blauen Augen. Es war recht witzig, wie er so artikulierte und sein lausbübisches Lachen aufsetzte. Normalerweise rede ich nicht so frei mit einem Mann, doch irgendwie hatte ich gleich Vertrauen zu ihm.

„Wo wart Ihr denn in dieser Einöde?", fragte ich ihn gleich neugierig.

„Auf einem Bauernhof, wachten mit den Hühnern auf, halfen den Bauern bei der Arbeit, lernten Kühe zu melken – das machte Spass – und abends fielen wir völlig erschöpft ins Bett. Sie gaben uns ein Bett und zu essen und dafür halfen wir ihnen. Wir blieben für eine Woche, bis die nächste Gruppe uns vorhin ablöste." Da wir eine lange Busfahrt vor uns hatten, tauschten wir unsere Reiseerlebnisse aus. Er war in Indien und Nepal gewesen und hatte den Katmandu bestiegen. Doch hatte er sich mit Hepatitis infiziert (welche, weiss ich nicht, doch eigentlich mussten wir alle gegen Hepatitis A und B geimpft sein). Er musste die schwere Krankheit in Indien bei Freunden durchstehen, die ihn erst gehen liessen, als er wieder auf den Beinen war. Offenbar erkranken doch noch viele Rucksackreisende auf diesen Südostasienreisen, man kann wirklich nicht vorsichtig genug sein!

Simon hatte in England Soziologie studiert und sein Traum war, für entlassene Häftlinge zu sorgen und ihnen beim Eingliedern ins Sozialleben zu helfen. Manchmal staune ich, wie schnell wir Reisenden mit unseren persönlichen Angelegenheiten herausrücken. Irgendwie gibt es da keine lange Einführung, sondern man kommt gleich auf den Punkt.

Wanganui war ein Zwischenstop, den wir alle einlegen mussten, denn der Bus fuhr erst am nächsten Morgen weiter nach Wellington. Es war schwierig, Betten zu bekommen, doch hatten wir Glück. Das Hostel war so laut und unruhig, dass man es da drin nicht aushalten konnte. Wir gingen gleich in eine Gaststätte, die sich kurz danach auch füllte, denn sie war die einzige in der Umgebung und essen wollten alle. Es war völlig normal, dass ich bei der Gruppe von Simon bleiben würde und er stellte mich meinen neuen Mitreisenden vor.

„Das ist Britta, sie ist aus Deutschland." Sie musste in meinem Alter sein, war sehr gross und schlank.

„Und das ist Shauna aus England." Sie lächelte mich an mit ihren wunderschönen, blauen Augen. Das volle, schwarze, gekrauste Haar gab ihr etwas Wildes, die Grübchen beim Lachen sahen dagegen wirklich süss aus und passten sehr zu ihr.

„Und das hier ist Brendan." Auch er begrüsste mich freundlich und auch er hatte schöne, blaue Augen und schwarzes Haar. Brendan war anfangs zwanzig, ebenfalls sehr gross und schlank.

„Das ist so selten: schwarze Haare und blaue Augen", gab ich erstaunt zu verstehen.

„Den Grund können wir Dir sagen. Shauna und Brendan sind eigentlich Iren und die sehen oft so aus, falls sie nicht rothaarig sind." Irgendwie waren diese Iren, zu denen ich mich einfach unbewusst hingezogen fühlte, anders als die Engländer. Obwohl viele in England leben, finden sie immer wieder zueinander und ich hörte auch oft, dass sie Witze über die Engländer machten. Ich selbst konnte Briten und Iren nicht auseinanderhalten, für mich sprachen sie englisch und das tönte für mich bei allen gleich. (Erst heute kann ich sie an ihrem Akzent unterscheiden, aber das brauchte viele Jahre!)

Ich realisierte sehr rasch, dass Shauna und Brendan nicht nur Reisende waren. Shauna hatte mir allerdings erzählt (und das alles in der ersten Stunde!), dass sie einen festen Freund in England habe, zu dem sie auch zurückgehen werde. Ich konnte nicht sagen, wie eng sie mit Brendan liiert war, doch war da eine Romanze zwischen ihnen zu spüren. Ich wurde des Öfteren mit dem Thema konfrontiert, dass sich Rucksacktouristen näher kommen, auch wenn sie zuhause in festen Beziehungen sind. Für mich war das zu dem Zeitpunkt etwas schwierig zu verstehen und zu akzeptieren, da ich mein Leben lang durch meine Erziehung starke Moralvorstellungen hatte, danach zu leben versuchte und oft andere für ihre „Unmoral" kritisierte. Doch sollte sich diese Einstellung im Verlaufe der Zeit ändern. Ich musste lernen, Menschen einfach so zu nehmen, wie sie eben sind, und ich hatte kein Recht, sie zu richten – eine wichtige Lehre für mich! Auf dem Rückweg lief Simon vor mir und da fiel mir sein eigenartiger Schritt auf, den ich noch nie zuvor gesehen hatte. Er setzte nicht zuerst mit den Fersen auf, sondern mit seinen Zehen und rollte dann nach hinten ab. Das Ganze war eine Art Hüpfen, was ihm einen lustig, beschwingten Gang gab. Man sollte dies einmal nachzumachen versuchen, nicht gerade einfach!

Am nächsten Morgen ging es früh weiter und wir erreichten Wellington, die südlichste Stadt der Nordinsel am Nachmittag.

Wellington – die Studentenstadt

Wellington ist für Neuseeländer Verhältnisse eine sehr junge, lebendige Grosstadt mit über 350'000 Einwohnern. Obwohl Wellington bekannt ist für seinen starken Wind, habe ich ihn nicht erlebt, genauso wenig nasses Wetter, was in Neuseeland sonst an der Tagesordnung ist. Die jungen Leute, meist Studenten, tummelten sich vergnügt auf den Wiesen um die Pubs herum.

Neuseeland hat einen starken englischen Einfluss und viele sagen, dass Neuseeland das zweite England sei. Neuseeland war schon von den Maoris bevölkert, als die ersten Engländer die Insel besiedelten. Auch hier, wie in Australien, bekam die Maori Kultur ihre Rechte erst vor Kurzem zurück. Viele sind heute integriert, doch ihre Traditionen sind teilweise noch lebendig und werden endlich respektiert.

Wir planten, Wellington erst auf dem Rückweg zu besichtigen, nachdem wir die Südinsel bereist hatten.

Südinsel – pure Natur

Picton ist ein kleiner Fischerhafen, die meisten Touristen reisen weiter nach Nelson, einem Ausgangspunkt für alle Ausflüge zum Marlborough Sound, zu den Westküsten-Gletschern oder diversen Wanderrouten. Wir fünf planten zusammen unsere Reise für die nächsten Wochen. Nelson hat über 45'000 Einwohner und das Wahrzeichen ist eine eindrückliche Kathedrale an Trafalgar Street. In der Umgebung sind die schönsten Sandstrände Neuseelands mit interessanten Wanderrouten. Wir entschieden uns für den Abel Tasman Track, der drei bis vier Tage braucht. Bevor wir Nelson verliessen, deckten wir uns für diesen mehrtägigen Track ein, denn es gab keine weiteren Einkaufsmöglichkeiten und somit mussten wir an alles vorher denken. Kleider- und schuhmässig waren wir als Rucksackreisende bereits gut eingedeckt; was wir brauchten, waren Sterilisationstabletten für das Wasser, damit wir es trinken konnten, speziell verpackte Mahlzeiten, die in flachen Beutel als Trockensubstanz, manchmal auch feucht, verkauft werden. Diese verdünnt man dann mit kochendem Wasser und die Hochkalorienmahlzeit ist fertig! Ob sie schmeckt, würden wir erst noch herausfinden. Die Nächte sollten bitterkalt sein und somit war eine warme Mahlzeit nach einem anstrengenden Tag gerade das Richtige. Simon hatte auch einen kleinen Kocher dabei, was uns auch angeraten wurde, denn die Hütten seien meist voll belegt und man müsse auf die Kochherde warten. Gut eingedeckt und registriert, erhielten wir den Pass vom DOC in Nelson. Ein Ranger führte eine Liste mit allen Namen derjenigen, die am nächsten Tag den Track beginnen würden. Der Abel Tasman Track soll der schönste des Landes sein. Dies war für mich eine echte Prüfung, denn bisher war ich noch nie mit meinem Rucksack solche Strecken gelaufen. Konnte ich es schaffen, so unfit wie ich war?

In Neuseeland soll es keine giftigen Tiere, auch keine Schlangen oder Spinnen geben, sehr beruhigend zu wissen, wenn man durch den moosbedeckten Wald läuft. Auf der seit vielen Millionen Jahren isolierten Insel haben Tiere und Pflanzen überlebt, die es sonst nirgendwo gibt, wie zum Beispiel der Kiwi, Neuseelands Landestier, eine Laufvogelart. Die Vogelwelt ist überhaupt unglaublich vielfältig und die farbigen Gefieder dieser Tiere sind von göttlicher Schönheit. Es ist eine friedliche Insel und das fühlt man. Vielleicht spüren deshalb viele hier starke Energien und fühlen sich Esoteriker von dieser Insel angezogen.

Der Weg begann flach, bis wir die moosbedeckten Wälder erreichten und es auf schmalen, vorgegebenen Pfaden langsam bergauf ging über hohe, lange, schwankende Hängebrücken, für mich, die an Höhenangst leidet, eine absolute Nervensache! Ohne runterzublicken, mit rasendem Herzen, wagte ich mich auf diese Brücken und ohne das Anfeuern meiner Mitreisenden wäre ich vermutlich jeweils wieder zurückgegangen. Doch kam ich immer hinüber, allerdings mit sehr schwachen Knien. Nach vier Stunden erreichten wir die erste Hütte. Ein Ranger begrüsste uns und hakte unsere Namen auf der Liste ab. Jeder musste in der Hütte eintreffen, wenn nicht, wäre eine Suchaktion losgegangen. Das war sehr beruhigend zu wissen, denn viele machen diese Tracks alleine und man könnte sich schon verirren. Am Ende des ersten Tages fühlte ich mich „noch" nicht so erschöpft. Das „Trockenfutter" stellte sich als ungeniessbar heraus, es sättigte und wärmte uns aber. Wir schliefen alle in einem grossen Raum und da es sonst nichts zu tun gab, gingen alle früh zu Bett. Gaslampen spendeten Licht, Strom gab es hier draussen nicht.

Vor Morgengrauen waren alle wieder bereit, den Track fortzusetzen. Am zweiten Tag erreichten wir nach dem Abstieg einen wunderschönen Sandstrand. Während einer Rast zog Simon einfach seine Kleider bis zu den Unterhosen aus und sprang ins Wasser.

„Kommt rein, es ist herrlich!" Wir waren verschwitzt und müde und vielleicht war das ja keine so schlechte Idee. Da alle sich so umkompliziert auszogen, tat ich es ihnen eben nach! Ich bin sonst sehr schüchtern in diesen Dingen, doch man konnte einfach nicht anders! Was Simon uns nicht gesagt hatte: Das Wasser war eiskalt. Somit half nur, schreiend so weit hineinzurennen, bis man völlig nass war. Die Kälte durchdrang meinen Körper, doch fühlte er sich frisch an. Das Wasser war glasklar und tiefblau. Lange hielten wir es nicht aus, aber unsere Haut prickelte angenehm. Für eine Weile liessen wir die warmen Sonnenstrahlen am Strand auf uns einwirken, doch dann mussten wir weiterziehen, um die nächste Unterkunft vor dem Sonnenuntergang noch zu erreichen. Wir sahen keinen der anderen Wanderer. Am Abend fühlte sich mein Körper schwer an und ich schaffte gerade noch mein Abendessen, danach fiel ich aber gleich in mein Bett.

Am nächsten Morgen erwachten die meisten wieder vor Sonnenaufgang und waren sehr schnell weg. Die schienen alle zu stressen, wir waren immer die Letzten! Meine Glieder fühlten sich steif an, doch Bewegung war das Einzige, was half. Während des Abstiegs lästerten wir über die anderen, dass sie diese fantastische Gegend nicht geniessen würden. Der Weg war einfach und wir erreichten den Strand, doch wo ging der Weg weiter? Wir sahen nur Wasser! Nun wussten wir auch, weshalb die anderen so früh aufgebrochen waren: um noch bei Ebbe durchzukommen! Offenbar hatten wir unser Buch nicht richtig gelesen und standen nun da, wussten nicht so recht, was machen. Etwa zwanzig Meter entfernt sahen wir den Track, zwischen diesem und uns war nur Wasser. Wir konnten nicht zurück und auch nicht auf Ebbe warten, somit hatten wir keine andere Wahl, als unsere Rucksäcke über unsere Köpfe zu halten und barfuss durch das Wasser zu waten, in der Hoffnung, dass niemand ausrutschen würde. Unsere Körper waren bis zu den Hüften im eiskalten Wasser, doch für unsere müden Beine war das eine wunderschöne Erfrischung. Das kurze, unfreiwillige Bad hatte mir geholfen, mich beschwingter und stärker zu fühlen. Ich war heilfroh, als wir unser Reiseziel erreichten und uns das Schiff in Toranui abholte. Die Natur um uns herum, die körperliche Betätigung, die Ruhe und meine Mitreisenden würden für mich für immer unvergesslich bleiben. Wir hatten die ganze Zeit eigentlich nie viel geredet, denn jeder musste mit sich selbst klarkommen, aber es war ein schönes Gefühl, beieinander zu sein.

Unser nächstes Ziel war der Franz-Joseph-Gletscher, doch da dieser noch sehr weit war, übernachteten wir in einem kleinen Motel, direkt an einem Fluss gelegen, mit einer Aussicht auf Palmen und schneebedeckte Berge dahinter. Bis jetzt war das Wetter immer noch relativ gut, wir hatten kaum Regen, ab und zu war es bewölkt und dann wurde es gleich kühl, was uns aber kaum störte. Wir drei Frauen buchten ein Zimmer und die Männer ein zweites. Seit ich Simon kannte, verbrachten wir jede freie Minute miteinander. Wir verstanden uns gut, hatten unendlich viel Gesprächsstoff und fühlten uns einfach wohl, zusammen zu sein. Eine wunderschöne Freundschaft begann mit gegenseitigem Respekt und Feingefühl. Er erzählte mir, dass er sich in Katmandu in eine Engländerin verliebt habe, die ihn aber von einem Tag auf den anderen verlassen habe, um zu ihrem Freund in England zurückzukehren. Ich spürte, dass er immer noch emotional von dem Erlebnis schwer betroffen war. Auch ich erzählte ihm von meiner gescheiterten Ehe, was wieder Emotionen auslöste, die ich so sehr, zu vergessen suchte. Er hörte mir einfach zu und hielt meine Hand fest. Vielleicht hatten wir zueinander gefunden, weil wir beide verletzt worden waren und die Wunden noch nicht geheilt waren, wir aber dringend jemanden brauchten, der uns verstehen und den Schmerz lindern konnte.

Franz-Joseph-Gletscher – scharfes Eis

Endlich erreichten wir den Vorort des Gletschergebietes, wo auch die Unterkünfte waren. Ich hatte eigentlich keine Vorstellungen, was wir dort tun würden und als die Diskussion aufkam, eine halbtägige Gletschertour zu unternehmen, stimmte ich sogleich zu, obwohl das wirklich nicht in meiner Natur lag! In der Schweiz, in der wir viele schöne Gletscher haben, war ich nie bereit, auf einen zu gehen. An diesem Tag war das Wetter unstabil. Der Bus fuhr so nahe als möglich an den Gletscher heran. Um das Eis zu erreichen, mussten wir zunächst über grosse Felsen klettern. Das Wetter verschlechterte sich rasch und es wurde immer kälter. Die Wolken hingen schwer und dunkel am Himmel, ein kalter Wind kam auf. Unser junger Bergführer schien sich keine grossen Gedanken über das wechselnde Wetter zu machen, sondern erklärte uns am Fusse dieses riesigen Gletschers, wie wir uns fortzubewegen hatten. Er hackte mit seinen Eisschuhen, die unten und vorne metallige Zacken hatten (wir mussten diese noch im Bus anziehen), ins Eis rein und machte eine Art Treppe. Mit dem Eispickel hielt er sich fest und machte weitere Schritte über das Eis. Einer nach dem Anderen folgte seinen Fusstapfen. Für uns Anfänger war das ganz und gar nicht einfach und man brauchte ganz schön Kraft, den Eispickel ins Eis reinzuschlagen, sich mit der anderen Hand am Eis festzukrallen und auch noch auf die Fusstritte zu achten. Es ging rauf und runter. Wir hatten kein Seil zwischen uns, deshalb nahmen wir an, dass es nicht gefährlich sein könne. Es war ja nicht so, dass die vorhandenen Gletscherspalten enorm tief waren, doch hätten sie ausgereicht, sich bei einem Sturz ernsthaft zu verletzen. Der Führer erklärte uns, dass der Gletscher ständig in Bewegung sei und er jedes Mal eine neue Herausforderung an ihn stelle, einen akzeptablen Weg zu finden. Nach einer Weile merkten wir, dass er sich irgendwie nicht zurechtfand. Obwohl sich das Wetter drastisch verschlechterte, gingen wir weiter. Meine Finger schmerzten vom Festkrallen am Eis, mir war kalt und nach einer Weile fand ich es dann wirklich nicht mehr so lustig, denn das scharfe Eis riss meine Hände auf. Wir hatten alle genug, waren müde und die schlechter werdende Sicht wurde zunehmend besorgniserregend, es begann zu nieseln.

Dies hätte ein einfacher „Spaziergang" auf dem Gletscher sein sollen und nicht ein gefährliches Unternehmen. Wir waren drei Stunden auf dem Eis, bis wir endlich eine eisfreie Felspartie entdeckten. Die Sicht betrug nun nur noch etwa einen Meter und wir brauchten nochmals eine halbe Stunde, bis wir aus dem Geröll herauskamen und zum Bus zurückfanden, der auf uns wartete. Im Camp völlig erschöpft angekommen, wurden wir zunächst verarztet. Fast alle hatten blutige Hände und offene Knie. Wir waren nicht zufrieden mit unserem Führer und beschwerten uns beim Management über ihn. Wir erhielten eine offizielle Entschuldigung, er hätte uns bei diesen Wetterbedingungen nicht so weit ins Eis führen dürfen. Es gab auch Helikopterausflüge über den Gletscher, vielleicht wäre das eine bessere Lösung gewesen.

Christchurch – eine Romanze bahnt sich an

Britta musste uns am nächsten morgen verlassen, um nach Deutschland zurückzukehren. Wir verabschiedeten sie und Shauna erzählte mir, dass sie mit Brendan ein Zimmer teilen wolle. Dieses Mal war ich nicht so naiv, nicht zu ahnen, was das bedeutete! Doch was sollten Simon und ich nun tun, in den geschlechtergetrennten Massenschlägen schlafen? Simon schlug spontan vor, dasselbe zu tun wie die andern beiden, und ich war überhaupt nicht dagegen – ich staunte selbst über meine Reaktion! Hier in Neuseeland gibt es viele Hostels, die ausser Massenschlägen auch Zweierzimmer anbieten. Man zahlt zwar etwas dazu, aber viel ist es nicht. Simons Vorschlag war völlig natürlich. Wir gingen bereits oft Hand in Hand oder er strich mir über das Gesicht. Diesen Körperkontakt brauchte ich. Er gab mir das Gefühl, speziell zu sein, eine Frau zu sein und verstanden zu werden. Mir war ganz klar, dass wir uns da auf Glatteis begaben und es an uns lag, wie weit wir gehen wollten. Liebe spielte da nicht mit, dazu waren wir beide gar noch nicht fähig, sondern nur Respekt für einander. Schlussendlich würde ich für mich selbst entscheiden müssen, drängen lassen würde ich mich nicht! Irgendwie war ich aber auch aufgeregt und spürte, dass etwas geschehen würde. Nach einer heissen Dusche (getrennt!), ruhten wir nebeneinander auf dem Bett. Er hielt meine Hand fest und wir redeten. Irgendwie sehnte ich mich nach mehr Nähe. Er schien dies zu merken und nahm mich fest in seine Arme und so lagen wir für eine ganze Weile. Dies tat wirklich gut, es erwärmte meine Seele und gab mir mehr Vertrauen, dass er mich nicht zu etwas drängen würde, das ich nicht wollte. Er war sehr feinfühlig und sensibel und mehr geschah an dem Tag nicht! Wir gingen mit Shauna und Brendan zum Abendessen und verbrachten den nächsten Tag zusammen, uns Christchurch anzusehen. Die Nacht nahte und wir verabschiedeten uns von ihnen. Wir redeten lange über alles Mögliche und er hielt wieder meine Hand und streichelte mir sanft über die Wangen. Er sah mir tief in die Augen und meine Haut prickelte, wenn er mich berührte. Er küsste mich auf den Mund und ich erwiderte seinen Kuss. Da war kein Drängen von seiner Seite und ich genoss seine tastenden Hände, die sanft über meinen Körper fuhren. Es war völlig natürlich, den nächsten Schritt zu gehen und wir verblieben die ganze Nacht in enger Umarmung. Ich glaube, dass wir in dem Moment beide einfach diese Nähe brauchten, um unsere gebrochenen Herzen zu heilen. Es stimmte für uns beide so und es war für mich etwas ganz Neues und Ungewohntes, etwas, das ich mir nie zugetraut hätte, und ich fühlte mich nicht mal schuldig (man bedenke meine moralische Erziehung), im Gegenteil, ich fühlte mich echt gut!

Brendan und Shauna lächelten lausbübisch am nächsten Morgen, sie realisierten gleich, dass da etwas vorgefallen war.

Queenstown – die zweite Schweiz

Queenstown erinnerte mich stark an den schweizerischen Tessin, mit grossem See, Palmen und hohen Bergen ringsherum, die immer noch schneebedeckt waren. Die Temperaturen waren frühlingshaft und weiterhin kaum Regen! Queenstown ist ein kleiner Touristenort, der aber im Sommer und im Winter von Touristen überflutet wird. Wieder nahmen wir separate Doppelzimmer und Simon und ich machten am Nachmittag einen Spaziergang in den Ort.

„Autsch, was war denn das!" Ich hielt die Hand an meinen Hals. Irgendetwas hatte mich getroffen, doch konnte ich nicht sehen, was es war, denn es war bereits weg. Auch Simon hatte nichts gesehen. Mein Hals schien in Ordnung zu sein und somit liefen wir weiter. Zwei Stunden später, im Zimmer, fühlte ich mich plötzlich ziemlich elend, mir wurde heiss und mein Arm schmerzte. Simon schaute mich an und seine Augen wurden plötzlich ganz gross. Er zeigte auf meinen Hals:

„Was hast Du denn an Deinem Hals, Du bist ganz rot." Ich sprang auf, um mich im Spiegel anzusehen, und sah auf der linken Seite eine stark gerötete Schwellung, die sich bis unter meine linke Achsel hinzog. Ich musste zum Arzt, der nicht alarmiert war und mir einfach ein paar Antihistamintabletten zum Schlucken gab mit den Worten:

„In ein paar Stunden ist die Reaktion vorbei, machen Sie sich keine Sorgen." Tatsächlich verschwanden die Beschwerden bald und ich fragte mich, wann ich endlich mal verschont bliebe.

In Queenstown gab es nicht viel zu tun und somit planten wir den Auszug für den nächsten Tag. Am Nachmittag wollten Simon und ich aber doch noch die Gegend von ganz oben sehen und fuhren mit der Gondelbahn auf den Berg. Wir sassen einfach im Gras, ohne miteinander zu reden und fühlten uns winzig klein inmitten dieser majestätischen Berge. Es war wie eine Art Meditation und wir fühlten uns beide spirituell und physisch stark miteinander verbunden. Wir mussten nicht reden. Der Himmel war klar, ohne eine Wolke. Die Sonne verschwand hinter den Bergen, ein Schauspiel von dem ich einfach nie genug bekommen kann. Sofort wurde es bitterkalt und wir machten uns auf den Rückweg. Mit jemandem solche Dinge teilen zu können, mit jemandem, der einen versteht und respektiert, mit dem man auch noch viel Spass haben konnte, das hatte mir offensichtlich gefehlt. Von nun an nahm ich alles viel bewusster wahr, lebte so richtig im Jetzt und dachte überhaupt nicht ans Morgen und schon gar nicht ans Gestern. Ich fühlte mich so richtig wohl mit Simon, wir philosophierten und die körperliche Wärme tat uns beiden gut. Es war einfach richtig. War ich verliebt? Nein, das glaube ich nicht, es war nicht Liebe. Allerdings bin ich auch ein Mensch, der sexuelle Nähe nicht ohne wirkliche Zuneigung haben könnte. Also vielleicht war da doch mehr als blosse Freundschaft. Die Lage war für uns beide klar; eine gemeinsame Zukunft oder etwas weiterzuführen nach Neuseeland lag nicht drin. Wir waren da absolute Realisten!

Der Milford Track

Auch dies würde ein viertägiger Track werden, einer der faszinierendsten. Wieder ging es über Hängebrücken, durch Wälder und immer wieder mussten wir hoch und wieder runter. Bereits am ersten Tag ging es auf einem sehr schmalen Pfad im Zickzack steil hinauf. Ich fühlte mich sehr rasch erschöpft und fürchtete, dass ich es nicht nach oben schaffen würde. Simon und Brendan waren schon gar nicht mehr zu sehen, doch Shauna war so lieb und blieb bei mir. Auf einmal kamen wir in Schnee, das hatten wir nun wirklich nicht erwartet im Herbst. Nach einer Ewigkeit erreichten wir die andern beiden, die bereits gut ausgeruht uns munter bespöttelten. Rundherum präsentierten sich majestätische Berge, die Spitzen mit schweren Wolken verhangen, und tiefe Täler. Niemand sonst war da oben, nur wir vier, ehrfürchtig bestaunten wir diese wilde Schönheit. Nach einer kurzen Pause und einem kleinen Snack, ging es auf der anderen Bergseite wieder runter. Völlig erschöpft erreichte ich unser Nachtziel, schämte mich über meine

Unsportlichkeit, doch niemand machte mir Vorwürfe. Die Nächte sind bitterkalt und wir waren froh um unsere warmen Schlafsäcke. Tagsüber reichte ein T-Shirt völlig aus. Der Milford Track ist bekannt für viel Regen. Wieder waren wir absolute Glückspilze, denn abgesehen von leichtem Nieselregen, blieb es trocken.

Der Milford Sound ist ebenbürtig den Fjorden in Norwegen. Das Schiff, das uns am vierten Tag abholte, brachte uns durch diesen engen Sound, umgeben von mächtigen Bergen – eine einmalige Schönheit, die man wirklich nicht verpassen sollte. Nach einem Tag Ruhe nahmen wir wieder einen Kiwi-Bus zurück gen Norden.

Simon wollte direkt nach Christchurch, die anderen beiden und ich beschlossen, noch ein paar Tage in den Bergen zu bleiben (ein guter Test für Simon und mich, denn sehr bald würden sich unsere Wege für immer trennen). Ich würde ihn in Christchurch wieder sehen.

Wir kamen unserem Ziel immer näher und ich wurde immer unruhiger, hatte Verlassenheitsängste! Auch Simon wollte meine Hand nicht loslassen, als ich ausstieg. Sehnsüchtig schauten wir uns nach, bis der Bus ausser Sichtweite war. Dann fühlte ich plötzlich eine tiefe Leere in meinem Innersten – ich vermisste ihn bereits und dieses Gefühl brachte Unruhe in mir auf: Konnte es sein, dass ich wirklich in ihn verliebt war? Die nächsten beiden Tage waren die Hölle ohne ihn. Ich nahm kaum etwas von der Schönheit um mich herum wahr, konnte nur an ihn denken und daran, dass wir uns in einer Woche für immer trennen würden. Vielleicht sind Emotionen einfach intensiver, wenn man so reist. Der Alltag und die Probleme, die man hinter sich lässt, sind so weit weg, dass man in einer ganz anderen Wirklichkeit lebt. Ich konnte mir das nur so erklären, was nun auch meine extremen Moralvorstellungen besänftigte, und ich konnte besser akzeptieren, dass viele Reisende zuhause vielleicht einen Liebenden, eine Geliebte haben und dennoch eine Reisebeziehung eingehen, die ja meistens auch nicht hält. Man muss es schon selbst erleben, um es verstehen zu können! Sicherlich hatte ich gelernt, Menschen und ihre Handlungen zu respektieren, anstatt sie zu kritisieren – ein enormer Schritt für meine starren Moralvorstellungen! Ich konnte meine Abreise von diesem Ort kaum erwarten!

Wieder in Christchurch

Kaum in der Stadt angekommen, versuchte ich Simon im Hostel zu finden. Er hatte an der Rezeption eine Notiz hinterlassen, dass er um 16 Uhr wieder zurück sei, doch kurze Zeit drauf, während ich noch auf ein Zimmer wartete, sah ich ihn kommen. Er rannte auf mich zu und umarmte mich:

„Ich habe Dich so sehr vermisst." Ich sah in seinen Augen Schmerz, Trauer und Glück in einem. Er musste sich wohl dieselben Gedanken gemacht haben wie ich. Wir benahmen uns wie Teenagers, konnten kaum abwarten, ins Zimmer zu kommen! Von nun an genossen wir nicht nur jeden Tag, sondern jede Sekunde, die wir noch miteinander hatten. Am Nachmittag liefen wir Hand in Hand durch den botanischen Garten, mieteten ein kleines Ruderboot. Als wir merkten, dass der Fluss kaum ein halber Meter tief war, stieg Simon einfach ins Wasser und zog das Boot mit mir drin. Er lachte schelmisch und schaute immer wieder zu mir zurück und machte Witze. Danach setzten wir uns in ein Café. Er hielt meine Hände und sah mir tief in die Augen, mit einem ernsten und lieben Blick. Über unsere Gefühle zu sprechen war unnötig, wir sahen ja, was los war, und dennoch redeten wir fast schon „matter of fact".

„Wir haben nicht mehr lange miteinander und ich werde Dich unheimlich vermissen, Dich auch nie vergessen. Ich bin erst am

Anfang meiner Karriere und möchte meinen Berufstraum verwirklichen."

Ich war ruhig, da ich ja immer noch nicht wusste, wohin ich wollte und was ich von meiner Zukunft erwartete. Ich erwog aber nie, ihm nach England zu folgen, denn für mich war es genauso klar wie für ihn, dass wir keine gemeinsame Zukunft haben konnten und diese wunderschöne Romanze für immer in unseren Erinnerungen verbleiben würde. Das musste einfach reichen. Es ist allgemein bekannt, dass Ferienbeziehungen, statistisch gesehen, kaum halten und das hat sicherlich mit der andersartigen Realität während des Reisens zu tun. Zudem war er ganze fünf Jahre jünger als ich, in dem Alter, in dem wir gerade waren, ein riesengrosser Unterschied. Die Trennung würde natürlich schmerzhaft werden, doch etwas enorm Wichtiges hatten wir über das Leben gelernt: Gestern ist vorbei und wir müssen es akzeptieren, morgen gibt es noch nicht und wir sollten uns deshalb nicht ängstigen, doch heute leben wir und geniessen jede einzelne Sekunde miteinander, denn wir leben jetzt und nicht morgen oder gestern!

In den zehn gemeinsamen Wochen konnten wir uns selbst sein, lebten jede Minute bewusst, liebten uns und waren frei von inneren und äusseren Zwängen. Dies wollten wir mit in unsere Zukunft nehmen, im Wissen, dass es nicht immer einfach sein würde, sich daran zurückzuerinnern, doch dass das Leben ein Prozess ist und wir es voll und ganz in unseren Händen haben, wie wir es gestalten.

In seinen Augen las ich Sehnsucht sowie Trauer, doch auch ein inneres Wissen, dass diese Zeit uns niemand nehmen konnte. Spontan küsste er mich, zog mich hoch und rannte wie ein kleiner Junge davon, damit ich ihm nachrennen würde. Unsere beiden Freunde sahen wir kaum, denn auch diese beiden würden sich in den nächsten Tagen voneinander verabschieden.

Unser letzter Tag zusammen war intensiver, als ich es je erlebt habe. Wir tauschten Adressen aus. Würden wir uns je wieder sehen? Würden wir in Kontakt bleiben?

Am nächsten Morgen verliess Simon Christchurch, um in zwei Tagen sein Flugzeug in Auckland zu nehmen. Es gab nichts mehr zu sagen, somit umarmten wir uns für einen letzten Kuss und dann gaben wir uns gegenseitig frei in eine neue Zukunft.

Wieder alleine

Nach Simons Abreise fühlte ich mich sehr einsam, verlassen und etwas verloren. Ich hatte mich daran gewöhnt, Tag und Nacht mit ihm zusammen zu sein. Es verblieben mir noch ein paar Wochen und ich wollte noch etwas auf der Südinsel bleiben. Wieder stieg ich einfach aus dem Kiwi-Bus, wo mein Gefühl mich hinführte und fand in einem kleinen Ort am Meer ein altviktorianisch gebautes Haus, wo Rucksackreisende unterkommen. Das Haus war weiss gestrichen, mit einer riesigen Holzterrasse, einladend und gemütlich. Ich nahm ein Einzelzimmer, wollte meine Privatsphäre. Ich lernte sehr rasch vier nette Reisende kennen, wieder Engländer (sie scheinen Neuseeland zu lieben). Einer war in meinem Alter, hatte seine Arbeit verlassen und war auf der Suche nach sich selbst. Wir redeten viel und unternahmen lange Spaziergänge am Meer. Nachmittags setzten wir uns in eine der vielen heissen Quellen, gleich am Strand neben dem eiskalten Meer – eine ausserordentliche Kombination! Bei Ebbe nahm er einen Eimer und wir wateten durch den weichen Sand, um ihn mit frischen Austernmuscheln randvoll zu füllen. Abends zeigte er mir, wie man diese kocht, und wir teilten uns alle die Mahlzeit. Jede freie Minute, vor allem vor dem Schlafengehen, musste ich an Simon denken, ich vermisste ihn wirklich sehr.

Langsam war es an der Zeit, nordwärts weiterzuziehen, da mein Flug immer näher rückte. Ich kam in einen sehr kleinen Ort und wie von unsichtbarer Hand, wie damals in Thailand, wurde ich an ein altviktorianisches Haus geführt. Es sah sehr einladend aus mit dem kleinen Tor und der grossen, grünen Wiese vor dem Haus. Ein paar Treppen hoch und eine schöne Veranda mit Stühlen lud zum Bleiben ein. Die wenigen Reisenden schienen alle den ganzen Tag über auf der Veranda zu sitzen, um ihre Bücher zu lesen. Der Inhaber war etwa vierzig Jahre alt und sein Haus war sein ganzer Stolz.

Am nächsten Morgen sassen wir alle auf den Stufen vor dem Haus, um die warmen Sonnenstrahlen auf uns einwirken zu lassen. Es war ein herrlich frischer Morgen und das klare Licht verbreitete eine tolle Ambience. Eine Frau stand wie aus dem Nichts vor mir. Die etwa fünfzig Jahre alte Frau mit langem, rot-blondem, lockigem Haar, von einem Stirnband zusammengehalten, erinnerte mich an eine Hippie, wie zur „Flower Power"-Zeit in den sechziger Jahren. Sie schaute nur mich an, ignorierte alle anderen und streckte ihre beiden Arme nach mir aus, als ob sie mir etwas geben wollte. Tatsächlich hielt sie drei wunderschöne, indigofarbene, frisch geschnittene Blumen in ihrer Hand.

„Nimm diese Blumen. Ich habe sie gerade für Dich gepflückt. Deine Aura entspricht dieser Farbe. Halte Dich von negativen Menschen fern. Dein ‚drittes Auge' ist offen, doch wird es sich wieder für eine Weile verschliessen. Mach weiter so und es wird sich wieder öffnen, wenn Du bereit dazu bist. Ich wünsche Dir viel Glück auf Deinem Lebensweg und vergiss meine Worte nie."

Sie kehrte sich um, sprach zu niemandem sonst und winkte mir nochmals zu, nachdem sie das Tor geschlossen hatte. Fragend und erstaunt blickte ich die anderen an und sie mich. Sie schüttelten den Kopf, als ob sie meine Frage beantworten wollten, aber genau so viele Fragen hatten wie ich. Ich rannte zum Tor, weshalb weiss ich nicht, vielleicht um ihr Fragen zu stellen, doch sie war nirgends mehr zu sehen!

„Habt Ihr gesehen, woher sie gekommen ist, kennt sie jemand?" „Ich habe diese Frau in diesem Ort noch nie gesehen, und diese Blumen gibt es hier nicht. Es ist, als ob sie aus einer anderen Zeit gekommen und wieder dorthin zurückgegangen wäre. So etwas habe ich noch nie erlebt", meinte der Inhaber kopfschüttelnd. War das purer Zufall? Doch weshalb sollte sie einfach aus dem Nichts vor mir stehen, mir diese Dinge sagen und wieder verschwinden? Weshalb hat niemand sie je zuvor gesehen und weshalb diese Blumen mit der Farbe? Ich werde wohl nie eine Antwort auf diese Fragen erhalten und versuchte auch nicht darüber zu spekulieren. Die Blumen legte ich in mein Buch. Hatte meine Gewohnheit, fast nur noch violett/indigo Kleidung zu tragen, etwas mit meiner Aura zu tun?

Nach ein paar Tagen Ruhe war es Zeit, zu meinem Ausgangspunkt, Auckland, zurückzukehren. Lucy erzählte mir von einer esoterischen Messe, die sie gerne besuchen würde. Von so etwas hatte ich bisher noch nie gehört und staunte über die vielen Heiler, die sich dort eingefunden hatten. Menschen erhielten Heilungen ohne Entgelt und man konnte Kristalle, Steine und alles mögliche Esoterische kaufen. Ein Stand zog mich in den Bann: eine Kirlian-Aurakamera! Das konnte ich mir nun wirklich nicht entgehen lassen, vor allem nach der Begegnung mit dieser Frau! Vielleicht alles Humbug, doch soll diese eigenartige Kamera, die das Ehepaar Kirlian entwickelt hat, die Aura von Pflanzen erkennen und beweisen, dass sie tatsächlich „Gefühle" haben, effektiv echt seien.

Die Frau, die mir erzählte, dass sie meine Aura mit ihren blossen Augen sehen könne, zeigte mir das Bild: Um mich herum waren die Farben weinrot bis violett und indigo! Sie erklärte mir, dass die Aura ständig wechsle, entsprechend unseren Launen und Energien. Eine ganz weisse oder goldene Aura sei die fortgeschrittenste – diese Leute seien erleuchtet und vibrierten sehr schnell. Meine Aura sei im Moment vom Stirn- und Kronenchakra dominiert.

„Du bist sehr sensibel und brauchst positive Menschen um Dich herum!" Schon wieder?

„Umgebe Dich mit ihnen und Du wirst ein erfülltes und gutes Leben haben. Halte Dich von negativen Menschen fern." Wie konnte man sich denn von negativen Menschen fernhalten?

Meine Zeit in Neuseeland war vorbei. Lucy stellte mir ihren neuen Freund vor, der sehr nett war. Der Abschied von ihr fiel schwer. Wann würden wir uns wieder sehen?

Ich erhielt ein Visum für nochmals vier Wochen in Australien. Es brauchte viel Überredungskunst und das Vorweisen meines Tickets nach Zypern, das zu meinem Rundreiseticket gehörte, damit sie mir glaubten.

Kapitel 5 – Abreise in ein neues Leben

In Melbourne musste ich mich mit meiner Zukunft auseinandersetzen. Mein Ticket endete in der Schweiz, mit Zwischenhalt in Zypern. Da also Zypern zuerst auf der Liste stand und ich nicht bereit war, in die Schweiz zurückzukehren, zumindest im Moment nicht, blieb mir wohl nichts anderes übrig, als für einig Zeit auf der Insel zu verweilen. Zypern war wohl gerade der richtige Ort, um nochmals zur inneren Ruhe zu kommen, lange meditative Spaziergänge am Strand zu unternehmen und herauszufinden, was ich wirklich von meinem Leben erwartete und wo ich sesshaft werden wollte. Ich freute mich natürlich auch riesig, endlich meine Familie wiederzusehen, die für die Festtage aus der Schweiz einfliegen würde. Den verbleibenden Monat verbrachte ich mit meinen Freunden und musste mich schweren Herzens kurz vor Weihnachten von ihnen und meinem geliebten Australien trennen. Wann würde ich Georgia wieder sehen?

Auf dem Flughafen checkte ich bei Alitalia ein. Die waren dort so streng, dass sie auch mein Handgepäck wogen, das nicht schwerer als fünf Kilogramm sein durfte. Mein grosser Rucksack brachte selbstverständlich nach einem Jahr Reisen viel mehr als die erlaubten 25 Kilogramm auf die Waage. Sie wollten tatsächlich ganze 200 Australische Dollars von mir! Ich musste also auspacken, was Georgia später nachschicken würde – vor allem Bücher.

Schweren Gemüts stieg ich in mein Flugzeug und von oben sah ich noch einmal sehnsüchtig auf meine Lieblingsstadt herab. Der Abschied fiel mir sehr schwer. Erinnerungen überfluteten mich mit meinen Erlebnissen der letzten zehn Jahre, in denen ich dieses Land dreimal bereist hatte. Der Blick nach unten zerriss mir beinahe die Seele vor Sehnsucht nach diesem Kontinent. Wie konnte es sein, dass ich hier einfach nicht Fuss fassen durfte? Ich trauerte um das Land und meine Freunde.

Die Vorfreude auf meine Eltern hob dieses schwere Gefühl etwas auf – so viel hatte ich ihnen zu erzählen! Spät abends landete ich in Rom. Da mein Anschlussflug nach Zypern erst am nächsten Tag war, musste ich über Nacht bleiben und ein Bus fuhr mich in die Innenstadt zu einem exquisiten, traditionellen Hotel nur fünf Minuten vom Kolloseum entfernt. Das regte mich zu einem Spaziergang dorthin an, doch zunächst wollte ich ein heisses Bad nehmen. An was ich überhaupt nicht gedacht hatte: Lire einzutauschen. Wie peinlich war es mir, dem Gepäckträger kein Trinkgeld geben zu können! Am liebsten wäre ich im Boden versunken und sein entgeistertes Gesicht, als ich mich mit meinem schlechten Italienisch entschuldigte, half auch nicht gerade bei meinem schlechten Gewissen.

Das heisse Bad löste meine Angespanntheit so sehr, dass ich ohne das geplante Abendessen oder den Spaziergang durch Altrom direkt in mein Bett fiel und am Morgen abrupt von der Rezeption geweckt wurde. Um mich nicht nochmals zu blamieren, trug ich mein Gepäck selber runter und wurde wieder zum Flughafen gefahren.

Zypern

Kaum stand die Türe des Flugzeugs offen, strömte die warme Meeresluft mir entgegen. Sofort kamen wieder diese eigenartigen, starken Gefühle des Nachhause-Kommens auf. Ich konnte es mir einfach nicht erklären. Was zog mich so magisch an dieser Insel an? Sicherlich nicht Aphrodite, die Göttin der Liebe, die hier zuhause war. Allerdings hatte ich mich ja schon einmal auf dieser Insel verliebt, doch dass so etwas überhaupt für mich je noch einmal möglich wäre, schloss ich genauso aus, wie je wieder für immer in meine Heimat zurückzukehren! Trotz der Jahreszeit war es sehr mild, ich staunte deshalb umso mehr, dass die Zyprioten, die uns zum Bus führten, so dick angezogen waren und ich es locker im T-Shirt aushielt.

Meine Eltern standen an der Ausgangshalle in Larnaca mit Tränen in den Augen. Ich konnte meine kaum zurückhalten, als sie mich in ihre Arme schlossen. Die ganzen drei Stunden Autofahrt nach Paphos habe ich geredet und meine Eltern hörten respektvoll zu, nickten und lächelten mich an. Mir kam erst später in den Sinn, dass meine Erzählungen für sie kaum von grosser Bedeutung waren, denn sie konnten ja die Bilder in meinem Kopf nicht sehen. Auch als ich die Bilder meiner Reise zeigte, nickten sie freundlich und fanden die Bilder zwar schön, doch die emotionale Verbindung zu ihnen hatte eben nur ich. Vielleicht schreibe ich auch deshalb dieses Buch, damit meine Familie (leider ist aber mein Vater vor zwei Jahren verstorben) und Freunde lesen können, wie es mir nach meiner Abreise aus der Heimat erging, denn in Gedanken und Gebeten waren sie stets bei mir. Viele hatten mir auch gesagt, ich solle das Ganze doch aufschreiben.

Leider vergingen die zwei wunderbaren Wochen mit meinen Eltern viel zu schnell und schon wieder musste ich mich von ihnen verabschieden. Sie mussten zurück zur Arbeit und konnten mich einfach nicht überzeugen, mit ihnen zurückzukehren. Ich brauchte noch mehr Zeit für mich selbst, um endlich eine Entscheidung für meine Zukunft zu treffen, denn ich hatte nun wirklich keine Ahnung, was ich machen sollte, nachdem es mit Australien nicht geklappt hatte.

Zypern war der ideale Ort dafür. Die Insel war im Winter in einen Tiefschlaf versetzt, es gab keine Touristen, die Strände waren leer, die Restaurants geschlossen und oft sah ich tagelang kaum Menschen in der Einöde, wo ich lebte. Eine heimatlose Hündin hatte sich mir anvertraut und wurde somit zu meiner ständigen Begleitung. Das war auch gut so, denn falls ich mal auf Leute stiess, waren es meist zypriotische Männer, die mir hinterherliefen und mit mir ins Gespräch kommen wollten. Die Hündin hatte eine eigenartige Aversion gegen dunkle Männer und attackierte sie. Mir kam nie jemand zu Nahe! Auch nachts war es etwas einsam und sie wurde zu meiner Beschützerin und Freundin.

Mir wurde es überhaupt nicht langweilig. Ich konnte stundenlang am Meer entlanglaufen und nochmals mein Jahr überdenken und zur Ruhe kommen. Oft setzte ich mich auf einen grossen Stein und schaute zum Horizont und verblieb so in einer Art Meditation. Ich fühlte mich ruhig, gelassen und glücklich, mir fehlte nichts. Das Leben war sehr einfach und schön.

Eines Nachts träumte ich von Simon und der Traum war so echt, dass ich am nächsten Tag beschloss, meine Post im nahe gelegenen Restaurant zu holen. Es gab keinen Briefträger und somit wurden alle Briefe für die Gegend dort in zwei Kartonschachteln aufbewahrt, die man selbst durchsehen musste. Dass Briefe so verloren gehen können, ist ja ganz klar. Umso mehr staunte ich, als ich einen Brief von Simon vorfand. Ich riss in sogleich auf.

„Liebe Esther. Ich hoffe, Du hattest noch eine schöne Zeit in Neuseeland und Australien und bist gut nach Zypern gekommen. Sicherlich waren Deine Eltern sehr glücklich, Dich wiederzuhaben, wie die meinen. Ich denke viel an Neuseeland zurück und an die schöne Zeit mit Dir, ich werde sie nie vergessen. Was tust Du denn nun mit Deinem Leben? Arbeitest Du? Übrigens, meine Eltern kommen nächste Woche nach Paphos und sie möchten Dich so gerne kennenlernen. Sie werden für eine Woche im Hotel Annabelle (einem der ältesten 5-Sterne-Hotels in Paphos, direkt am Meer gelegen) bleiben. Ich lege noch einen Zettel mit der Telefonnummer bei. Es wäre sehr schön, wenn Du meine Eltern sehen würdest. Love, Simon."

Ich besuchte seine Eltern in ihrem Hotel und wir unternahmen eine Tagestour zusammen. Sie waren wirklich nett und luden mich nach England ein, ein Angebot, das ich allerdings nie wahrgenommen habe. Auch Joanne, Ruth und Anita schrieben mir noch eine Weile, aber wie es eben so ist, Reisende versprechen immer, in Kontakt zu bleiben, doch auf die Dauer verliert sich der Kontakt. Jeder ist wieder in seinem alten Leben und die Routine holt alle rasch wieder ein. Ruth erzählte, dass sie das Sieben-Tage-Dengue Fieber gehabt, sich aber nicht so schlecht gefühlt habe. Das war die Bestätigung, dass wir beide denselben Virus eingefangen hatten, nur dass sie nicht am hämorrhagischen Fieber erkrankt war wie ich – Gott sei Dank!

Spirituell war ich immer noch stark angehaucht, die Realität war noch nicht ganz bei mir eingekehrt. Ich habe ja bereits einmal von Daskalos, dem Magus von Strovolos, in Nikosia gesprochen. Nun, da ich ja auf dieser Insel vorläufig residierte und er nur ein paar Stunden Autofahrt entfernt wohnte, konnte ich es mir nicht nehmen lassen, zwei seiner Vorlesungen zu besuchen.

Strovolos ist ein Vorort von Nikosia, Zyperns Hauptstadt. Ich brauchte eine Weile, bis ich die Strasse fand. Wie ich sie eigentlich gefunden habe, ist mir heute noch nicht klar, denn ich hatte keine Angaben und keinen Stadtplan, doch etwas führte mich dorthin. Ich gelangte jedenfalls in eine kleine, sehr ruhige Strasse mit alten zypriotischen Häusern. Das kleine, niedliche Haus, im typischen zypriotischen Stil gebaut, sah einladend aus. Es war umgeben von Frucht- und Olivenbäumen, die dem Haus im sehr heissen Sommer Schatten spenden (40 Grad und darüber sind keine Seltenheit!). Ich sah keine Menschenseele und fragte mich, wo denn die Vorlesungen stattfinden würden. Es hiess: in der Nähe seines Hauses. Zaghaft öffnete ich das Gartentor. Die Türe zum Haupteingang stand offen und ich sah ein paar alte Stühle dort stehen. In seinen Büchern schrieb er oft von diesem Platz, wo er so gerne sass und auf die Strasse herausschauen konnte und oft auch tief in Meditation verblieb. In Zypern sind alle Häuser so gebaut. Die Zyprioten leben einfach auf der Strasse, das Wohnzimmer muss mit direktem Blick zur Strasse raus sein. Nun konnte ich mir alles sehr gut vorstellen, auch den griechischen Kaffee, den er liebend gerne trank, der ihn nach einer seiner „Geistesreisen" wieder „erden" konnte. Ich wagte nicht, in das Haus einzutreten und auch nicht im Garten herumzugehen. Somit rief ich, ob mich jemand hören könne. Eine sehr alte Frau kam aus dem Haus heraus und wies mich freundlich in die Richtung des Gartens. Den Weg entlang gehend sah ich dann sogleich ein grösseres Gebäude hinter dem Haus. Es waren noch keine Leute dort und so wartete ich einfach. Es ging nicht lange, bis die Gruppe, die für eine Woche bei ihm zu Vorlesungen gebucht war, mit ihm eintraf. Ich hatte mir Daskalos ganz anders vorgestellt, wie einen Zyprioten eben, dunkel und klein gewachsen, doch er war überraschend gross und von kräftiger Statur und eher hellerem Aussehen. Seine Ausstrahlung war faszinierend und souverän hielt er seinen Vortrag in akzentreichem, aber gutem Englisch. Ich hätte ihm noch stundenlang zuhören können. Für sein fortgeschrittenes Alter sah er noch immer irgendwie jugendlich aus. Am Ende machte ich mich auf den Weg zu meinem Auto, das ja gleich vor dem Tor parkiert war. So gerne hätte ich mich mit ihm unterhalten, doch zu viele Menschen umgaben ihn und ich hatte nicht den Mut oder die Dreistigkeit, ihn anzusprechen. Ich wusste, dass er gleich hinter mir war und spürte seine magische Präsenz über mir. Es war ein ganz eigenartiges Gefühl. Ich spürte, wie seine Blicke mich von hinten durchdrangen und schaute zurück; er sah in meine Augen mit einer tiefen Wärme und Liebe, die mein Herz überflutete, und ich glaubte, in ihnen zu lesen: „Es wird alles wieder gut." Er sah mich väterlich an und seine Augen strahlten Weisheit, aber auch einen gewissen Charme aus. Ich werde diese Begebenheit nie vergessen. Leider ging ich nur noch einmal zu einer Vorlesung. Er verstarb einige Zeit später – ein grosser Magus (Lehrer) war von uns gegangen.

Des Öfteren, wenn ich so auf einem Stein meditierte, spürte ich Gottes Allgegenwart. Ich hatte keine Zweifel, dass ich mich nicht um meine Zukunft kümmern musste, sondern dass mein Schicksal mir weitere Wegweiser geben würde und ich einfach geduldig auf ein Zeichen warten musste – und so war es auch! Ein Familienfreund, ein Zypriote, der viele Jahre in England gelebt hatte, bedrängte mich seit Wochen, mich seinem Freund vorzustellen zu dürfen.

„Ich habe einen Freund, der Arzt ist und vor einigen Monaten eine Privatklinik in Paphos aufgemacht hat. Er braucht noch mehr qualifizierte Schwestern und ich habe ihm von Dir erzählt. Er möchte Dich sehen."

„Mir geht es aber ganz gut im Moment und muss noch nicht arbeiten. Kann das nicht noch etwas warten? Ich weiss ja nicht einmal, ob ich hierbleiben möchte für längere Zeit."

Doch immer wieder drängte er mich, bis ich schlussendlich zusagte. Die Klinik war in Paphos und lag im zweiten Stock eines grossen Gebäudes. Als ich dort eintrat, war ich überrascht über die stilvolle Rezeption, alles war mit Teppichen ausgelegt, hell und sehr freundlich eingerichtet. Ich wurde in das Büro des Arztes gebracht, er werde jeden Augenblick kommen. Ein etwa 55-jähriger Mann mit grau meliertem, krausen Haar, adrett angezogen mit Hemd und Krawatte, ohne weissen Kittel, öffnete die Tür und stellte sich als Dr. Chris vor, denn sein Nachnahme sei zu lang, um ihn auszusprechen. Er war freundlich und strahlte einen gewissen Stolz aus. Ich spürte von ihm eine gewisse Skepsis, die mich etwas verunsicherte, dennoch war ich stolz auf meine gute Ausbildung, hatte aber keine Vergleiche mit anderen Ländern.

„Meine Klinik ist ‚State of the Art‘, und das verlange ich auch von meinem Personal, vor allem den Krankenschwestern. Die Klinik wurde auserwählt, als die Königin von England hier zu Besuch war." Ich fand ihn schrecklich arrogant und selbstbewusst und fühlte mich verunsichert, fragte mich, ob ich wirklich gut genug ausgebildet war.

„Wir können Sie mal auf Probe nehmen und sehen, wie sie qualifiziert sind. Wann können Sie anfangen?" Das gab mir noch den letzten Rest!

„Ich habe noch nicht entschieden, ob ich überhaupt hier arbeiten möchte, sicherlich nicht vor Anfang nächsten Monats." Er schaute mich von oben herab an und mein erster Eindruck war nicht gerade der beste. Er entliess mich mit Händedruck, dass ich es mir überlegen sollte und es schön wäre, wenn ich zusagen würde – mal etwas nettere Worte von ihm! Draussen bedrängte mich seine Managerin, dass sie mich wirklich brauchten und sie froh wäre, wenn ich gleich anfangen könnte. Ich wolle es mir die nächsten paar Tage überlegen, gab ich ihr zu verstehen.

Nach zwei Tagen Bedenkzeit beschloss ich, die Stelle anzunehmen, da ich eben keine andere Lösung fand für den Moment. Ich hatte noch genügend Geld von meiner Reise, um für ein halbes Jahr zu überleben, doch vielleicht war es an der Zeit, wieder zu arbeiten. Allerdings fühlte ich mich nicht sehr sicher, ob ich den hohen Anforderungen gewachsen sein würde. Eine Woche später trat ich meine Arbeitsstelle an.

Die englische Fachsprache war anfangs etwas schwierig für mich. Doch dann merkte ich, dass die Engländer oft auch lateinische und griechische Wörter gebrauchten, diese aber völlig anders aussprachen. Zu Diarrhö sagten die „dairia" und schrieben „diarrhea", wer sollte da noch etwas verstehen? Doch ich lernte schnell. Die Klinik hatte nur zehn Zimmer, einen Operationssaal, eine Überwachungs- und Intensivstation und ambulante Zimmer. Dr. Chris behandelte alles, was rein kam, ob es nun Herzinfarkte, Blinddarmentzündungen, Asthma-Attacken, Lungenentzündungen, Krebs oder einfache Insektenstiche waren. Er war einfach gut, anders konnte man das nicht sagen. Er hatte alles im Griff und war äusserst souverän. Es arbeiteten noch zwei Ärzte dort und wenn Operationen nötig waren, kamen ein Chirurg und eine Narkoseärztin aus Limassol, einer grösseren Stadt, etwa eine Stunde von Paphos entfernt. Ich erfuhr, dass er in England aufgewachsen war und auch sein Studium dort absolviert hatte. Er machte viele Reisen nach Amerika, wo er Vorträge hielt. Er war spezialisiert auf Diabetes und Endokrinologie und offenbar sehr bekannt und als Redner begehrt. Deshalb wohl auch seine Selbstsicherheit, die ich als Arroganz einschätzte, doch da in der Klinik nur englische Schwestern arbeiteten, merkte ich sehr rasch, dass diese Engländer so ein Art an sich haben, sie alles besser wissen und über der Welt stehen.

Ich musste meine Meinung über Dr. Chris sehr bald ändern und sah nicht mehr sein so hochgestochenes englisches Adelsbenehmen.

Allerdings merkte auch er rasch, dass er mich unterschätzt hatte. Ich war besser ausgebildet als die englischen Schwestern, konnte Blut entnehmen, Infusionen stecken, was die andern nicht konnten oder durften. Mein Selbstbewusstsein wurde stärker. Er nahm mich unter seine medizinische Obhut und lehrte mich von da an, was er einem jungen Arzt vermitteln würde. Ich war immer an seiner Seite, wenn er die Patienten untersuchte, behandelte, und assistierte ihm und dem Chirurgen bei Operationen. Ich lernte von ihm Medizin, wie ich sie nie als Krankenschwester gelernt hätte! Als die leitende Schwester nicht mehr aus England zurückkehrte, offerierte er mir die Stelle, doch wollte ich nicht soviel Verantwortung übernehmen, war glücklich und zufrieden, wie es war. Er akzeptierte meine Absage nicht, wohl ahnte er, dass ich pure Angst vor der Aufgabe hatte, und versprach, mir zu helfen und mich zu unterstützen, wo er könnte, damit der Einstieg etwas einfacher wäre. Somit sagte ich dann doch zu. Immerhin erhielt ich mehr Gehalt, aber immer noch einen Hungerlohn für meine Verhältnisse! Dass die Nachtschicht wegfallen würde, war ein willkommener Bonus – ich hatte schon immer Nachtarbeit gehasst!

Und so begann mein neues Leben in Zypern. Offenbar wollte mich mein Unterbewusstsein die ganze Zeit in Thailand darauf hinweisen, doch konnte ich mir einfach nicht vorstellen, auf dieser Insel sesshaft zu werden, obschon diese starke Verbindung zu ihr, aus welchem Grund auch immer, bestand. Ich machte Freunde, vor allem in der Klinik, wir waren wie eine kleine Familie und ich fühlte mich völlig wohl. Doch war Zypern wirklich meine Bestimmung, was war mit meinen anderen Visionen damals am Strand?

Nachwort – wie es weiterging

Mit Beginn der Arbeit kam ich auch unweigerlich in die Realität zurück und schob meine Spiritualität in den Hintergrund. Immer mehr kam ich ins Weltliche, vergass aber nie dieses wunderbare Gefühl des Göttlichen und mein Wissen, dass meine religiöse Erziehung mit dem Moraldenken „menschengemacht" und nicht „gottgemacht" war, sondern dass ich selbst ein Teil des Universums (oder Göttlichen) bin wie alles auf dieser Welt. Wenn man dies einmal gefühlt hat, ist der Drang stark, es irgendwann wieder zu erlangen und es für immer allgegenwärtig bei sich zu tragen.

Meine Gesundheit verschlechterte sich, ich musste notfallmässig in der Klinik wegen einer Blinddarmentzündung operiert werden. Kurz nach dem Eingriff spuckte ich Blut (enorm schmerzhaft mit einer frischen Wunde!), ich litt auch noch an einem Magengeschwür. Ich begann Andreas Moritz (ein heute bekannter in Amerika lebender Heiler und Ayurveda-Arzt), aufzusuchen, der damals in Paphos lebte und den ich so kennenlernte. Er setzte den Grundstein für meine spätere Wissbegier in der Frage: Was ist Gesundheit und wie kann jeder Mensch von Krankheiten geheilt werden. Als ich mit einer Gruppe von Gleichgesinnten, auch Andreas war dabei, für fünf Tage nach Ägypten reiste, wurde er bereits am ersten Tag krank wegen dem Essen. Ich fand das eigentlich sehr komisch, denn damals nahm ich an, dass gerade er der Gesündeste von allen sein sollte. Was ich nicht wusste, war, dass gerade deshalb er schneller reagierte als alle anderen, denn jeder wurde in den kommenden Tagen krank – nur ich und zwei weitere Teilnehmer nicht. Wir drei waren keine Veganer, unsere Diät also fleischorientiert. Da wir nicht krank geworden waren, lästerten wir über die andern, doch das böse Erwachen kam am letzten Tag, als es schliesslich mich erwischte. Elend musste ich zurückbleiben und halbtot auf meiner Liege zubringen, während die anderen einen Ausflug machten. Mir wurde klar, dass ich meine Ernährung ändern musste und hörte auf die Anweisungen von Andreas. Das war der erste Schritt, meinen physischen Körper bei Heilungsprozessen bewusst zu unterstützen.

Ich arbeitete nun seit vier Jahren in Zypern, hatte enorm viel gelernt und zwischen Dr. Chris und mir bahnte sich eine tiefe Freundschaft an. Oft sass er in meinem Büro, wenn wir Zeit hatten, und wir redeten über Philosophie und das Leben. Er erzählte mir sehr private Dinge, weil er mir offenbar vertraute. Doch ein innerer Drang kam wieder auf, etwas mehr mit meinem Leben anzufangen. Ich wollte Naturheilkunde studieren, wusste aber nicht wo. Dr. Chris drängte mich, Medizin in Betracht zu ziehen. Er hätte alle seine Verbindungen aktiv gemacht, um mich in Athen zum Medizinstudium anzumelden. Doch alles sollte anders kommen.

Es war der erste Weihnachtstag und ich hatte Dienst. Dr. Chris kam die Treppe herunter, um mir frohe Weihnachten zu wünschen. Ein unschuldiger, elektrisierender Kuss sollte unser beider Leben für immer verändern. Ich glaubte, an der Treppe den kleinen Liebesgott Eros erblickt zu haben, wie er sich kaputt lachte, noch mit seinem Pfeilgespann in beiden Händen, der Pfeil aber hatte beide unsere Herzen durchbohrt! Plötzlich waren Gefühle da, die ich nie für möglich gehalten hätte und die unsere langjährige Freundschaft abrupt „beendeten".

Er meinte nur: „Und somit hat es begonnen ..." Was meinte er denn damit? Er beichtete mir später, dass er sich von Anfang an zu mir hingezogen gefühlt habe, ich aber einfach nicht mitgespielt hätte!

Es geschah nun Alles sehr schnell. Im April entdeckte ich, dass ich schwanger war. Das Glücksgefühl war unbeschreiblich, hatte ich doch dies wirklich nicht mehr erwartet mit meiner Vorgeschichte und meinen 35 Jahren. Am 24. Dezember kam meine gesunde, wunderschöne (ich weiss, das sagen alle stolzen Mütter!) Tochter zur Welt, was meine skurrile Vision in Thailand bewahrheitete – also war das doch nicht gesponnen!

Ich konnte mich aber nicht so recht damit anfreunden, eine feste Beziehung mit Chris einzugehen, und verliess Zypern, um mein Glück wieder in der Schweiz zu finden. Ich fand auch sogleich Arbeit und liebte die Stelle im Akutkrankenhaus. Chris löste seine Klinik auf und ging nach England zurück, um als Chefarzt in seinem Spezialfach Endokrinologie und Diabetes zu arbeiten. Er besuchte mich regelmässig und drängte mich nie, zu ihm zu kommen. Erst als wir uns in Zypern für Ferien wiedersahen, wussten wir sofort, dass wir doch zusammen gehörten. Meine Tochter war da eineinhalb Jahre alt. Wir zogen nach England. In England nahm ich meine Chance wahr und begann alternative Ernährungsmedizin zu studieren. Als unsere Tochter fünf Jahre alt war, zogen wir wieder nach Zypern und sind auch heute noch dort.

Der Wind hat mich effektiv nach Zypern getragen, denn es sollte mein Schicksal sein, meinen zweiten Mann dort kennen zu lernen. Wir beide glauben ganz fest, dass wir zusammenfinden mussten, obwohl es für ihn sehr spät in seinem Leben geschah. Allerdings brauchte ich viele Jahre, ihn vorbehaltlos zu lieben. Das Misstrauen gegenüber Männern war stets da und ich hielt mir immer eine Türe offen, um abzuhauen, um nie mehr so sehr verletzt werden zu können, bis ich schliesslich erkannte, dass unsere Beziehung nur dann funktionieren konnte, wenn ich meine Ängste begraben und mein Herz öffnen würde. Damals lernte ich die „Emotional Freedom Technique = EFT", die mir half, meine Klienten besser unterstützen zu können, und ganz nebenbei verarbeitete ich auf schonendste Weise meine eigene Vergangenheit. Ich wollte mir selbst nicht länger im Weg stehen und die Liebe voll und ganz wieder erfahren können. Meine Tochter war die treibende Kraft dahinter, da sie einfach von mir bedingungslose Liebe verlangte, wie das eben Kinder tun! Sie lehrte mich, an mich selbst zu glauben und das Gute in all dem zu sehen, was einem wiederfahren ist. Sie ist ein Geschenk des Himmels! Sie ist es, die mein Leben für immer verändert hat. Als sie fünf Jahre alt war, erzählte sie mir: „Mami, weisst Du, dass ich Dich von oben (sie zeigte in den Himmel) beobachtet habe, wenn Du am Meer mit dem Hund (den sie nie kennengelernt hatte) spazieren gingst. Ich wusste, dass Du meine Mami werden würdest." Heute, als Teenager, kann sie sich nicht mehr daran erinnern.

Und mein erster Ehemann? Nach acht Jahren nahm ich den Kontakt zu ihm auf, denn ich wollte ihn sehen. Der Grund war, dass ich meine Vergangenheit mit ihm endlich abschliessen konnte und ihm sagen wollte, dass ich ihm verziehen habe. Ich glaube bis heute nicht, dass er stolz ist auf die Art und Weise, wie er unsere Beziehung beendete. Als wir uns voneinander verabschiedeten, fühlte ich mich von einer schweren Last befreit. Ich hatte sicherlich auch Fehler in der Beziehung gemacht, doch wusste ich nicht, welche und er hatte nie über Probleme, die er mit mir offenbar hatte, geredet. Das habe ich heute sehr klar erkannt: es gibt keine perfekte Beziehung, man muss an ihr immer wieder arbeiten und miteinander reden. Oft wollte ich aus meiner zweiten Ehe ausbrechen, weil ich nach fast zehn Jahren Alleingang, selbst meine Entscheidungen traf. Doch merkte ich, dass nichts besser würde, wenn ich nicht lerne, mich über Probleme zu äussern, denn der Andere weiss oft gar nichts davon und somit kann man dumme Missverständnisse (vor allem zwischen Mann und Frau, die eben völlig anders denken und fühlen) gleich aus dem Weg räumen!

Ein weiser Mann hatte einmal zu mir gesagt:

„Nur Menschen, die sich sehr lieben, können verletzt werden. Dies haben beide Seelen vor ihrer Geburt miteinander beschlossen, damit beide grosse Schritte in Richtung Selbsterkenntnis gehen können." Wenn wir Menschen diese Weisheit ernster nehmen würden, könnten wir erkennen, dass unser Leben ein einziges Lernen ist, nämlich mit dem Ziel, uns selbst zu erkennen, damit wir anderen helfen können, dies auch zu tun! Dies kann nur erreicht werden, wenn wir das Göttliche in uns selbst finden und wir mit Liebe und Respekt dem Nächsten begegnen. Wie meine Mutter schon immer sagte:

„Liebe Deinen Nächsten wie Dich Selbst und behandle Deinen Nächsten wie Du Selbst behandelt werden möchtest."

EstherTheophanides-Riepert ist in der Schweiz geboren und aufgewachsen und lebt seit zwanzig Jahren in Zypern, mit vier Jahren Unterbruch, die sie in der Schweiz und in England verbrachte. Ursprünglich Krankenschwester, hat sie sich über die Jahre zur ganzheitlichen Ernährungstherapeutin ausbilden lassen und studiert derzeit klassische Homöopathie. Sie ist verheiratet mit einem zypriotischen Arzt und hat eine Tochter.